ADAC
Reiseführer

Côte d'Azur

von Marseille bis Menton

von Hans Gercke

Intro

Unterwegs

CGIB

Von Nizza nach Menton – Traumstraßen an der Küste 111

Côte d'Azur Kaleidoskop

Karten und Pläne

Service

Leserforum

Die Meinung unserer Leserinnen und Leser ist wichtig, daher freuen wir uns von Ihnen zu hören. Wenn Ihnen dieser Reiseführer gefällt, wenn Sie Hinweise zu den Inhalten haben – Ergänzungs- und Verbesserungsvorschläge, Tipps und Korrekturen – dann kontaktieren Sie uns bitte:

Redaktion ADAC Reiseführer
ADAC Verlag GmbH
Am Westpark 8, 81365 München
Tel. 089/76 76 41 59
reisefuehrer@adac.de
www.adac.de/reisefuehrer

Côte d'Azur Impressionen

Traumstrände mit imposanter Bergkulisse

Mondäner Zauber liegt über den Stränden der Côte d'Azur, die, von schroffen Felsen gerahmt, sanft ins Mittelmeer hineinführen. Zwischen Nizza und Menton erheben sich die steilen Hänge der südlichen Alpen und bieten den Badenden eine traumhafte Bergkulisse. Seit dem 19. Jh. steht die Côte d'Azur für unbändige Amüsierlust und bourgeoise Gemütlichkeit, gilt als Luxusurlaubsziel der Wohlhabenden und Inspirationsquelle für große Künstler. Ihr Name ist eine Schöpfung des Dichters Stéphen Liégeard, der sich 1887 vermutlich vom azurblauen Himmel dazu anregen ließ, den man hier an über 300 Tagen im Jahr genießen kann.

Allerdings hat sich der Badetourismus erst später entwickelt: Im 19. Jh. wäre kein Mensch auf die Idee gekommen, sich vom Sonnenschein die ›vornehme Blässe‹ rauben zu lassen, die damals noch in Mode war. Nein, englische Adlige besuchten die Côte d'Azur im Winter, genossen das milde Klima, wandelten unter Palmen und erfreuten sich an der betörenden Blütenpracht in den märchenhaft angelegten Gärten. Die **mediterrane Vegetation** mit ihren vielfältigen Formen und Farben ist natürlich auch heute noch ganzjährig ein Ereignis. Man kann sie z. B. in den sieben **botanischen Gärten** von **Menton** bewundern: In *Le Val Rahmeh* wachsen über 700 exotische Pflanzen. Besonders stolz ist man auf den seltenen *Toromiro-Baum*, der in seiner Heimat, den Osterinseln, ausgestorben ist, hier aber regelmäßig blüht. Auch im **Jardin exotique** von **Èze** trifft man auf überwältigende Farben. Er ist vor allem berühmt für seine bunt blühenden Kakteen. Gemeinsam ist den Gärten der Côte d'Azur die herrliche Aussicht auf das Meer, sind sie doch oft direkt an den Ausläufern der Berge angelegt.

In **St-Tropez** wurde Mitte des 20. Jh. der Ruf der modernen Côte d'Azur begründet. 1956 drehte Roger Vadim hier mit Brigitte Bardot den Film ›Et Dieu ... créa la femme‹ (›... und ewig lockt das Weib‹), in dem sie sich, wie Gott sie schuf, am Strand rekelt und laszive Tänze aufführt. Der Film machte Brigitte Bardot zum Star und St-Tropez zu dem beliebtesten Badeort schlechthin, der Freizügigkeit und Dolce Vita verhieß. In der Folge entwickelte sich die Stadt zu einem angesagten Treffpunkt für die High Society und für Künstler.

Künstlerglück

Zweifelsohne war es die schöne Landschaft und die große Farbenpracht, die die bedeutenden Künstler der Klassischen Moderne an die Côte d'Azur lockten. Die Felsen der Küstengebirge etwa prangen und strahlen, je nach geologischer Beschaffenheit, in gleißendem Weiß oder kraftvollen Rot- und Gelbtönen. **Paul Cézanne** gilt als einer der ersten Künstler, die die Côte d'Azur entdeckten. Wiederholt lebte und arbeitete er in dem Fischerdorf Estanque, heute ein Vorort von Marseille. Wenige Jahrzehnte später machten die *Fauves,* ›die Wilden‹, die Côte d'Azur und ihr Hinterland unsicher. Es handelte sich dabei um eine Gruppe junger Künstler um **Henri Matisse**, die sich gegen den Impressionismus wandte. Sie suchten die Vereinfachung

Oben: *Üppiges Grün im Tempel d'Amour der Fondation Ephrussi de Rothschild in St-Jean-Cap-Ferrat*
Unten: *Panorama von Villefranche-sur-Mer*

des Gegenständlichen und praktizierten den Vorrang der Farbe sowie den Verzicht auf Körpermodellierung.

Matisse blieb der Côte d'Azur sein Leben lang treu. Als das Meisterwerk seiner Spätzeit gilt die **Chapelle du Rosaire** in **Vence**, deren künstlerische Innenausstattung er übernahm. Er entwarf Wand- und Glasmalereien, aber auch den Altar, die Messgeräte und die Beleuchtung. Die Kapelle wurde 1951 eingeweiht. 1952 ließ es sich Picasso nicht nehmen, im benachbarten **Vallauris** die Vorhallen der **Chapelle romane** zu gestalten. Er schuf einen großartigen Bilderzyklus zum Thema Krieg und Frieden, der heute als Musée National zu besichtigen ist. Und 1957 gestaltete **Jean Cocteau** den Innenraum der **Chapelle St-Pierre** in **Villefranche-sur-Mer** mit Wandmalereien, die Szenen aus dem Leben des hl. Petrus zeigen. Im selben Jahr verschönerte er auch den Hochzeitssaal im Hôtel de Ville von **Menton** mit einem Wandgemälde, das u. a. eine orientalische Hochzeit zeigt.

Museumsfreuden

Heute kann man all diesen Künstlern in den bemerkenswerten Museen der Côte d'Azur wieder begegnen. Da ist das **Musée Picasso** im Grimaldi-Schloss in **Antibes**, das mit Gemälden, Zeichnungen und Keramiken von Picasso aufwarten kann. Der Künstler hatte im Sommer 1946 im oberen Stockwerk des Schlosses gelebt und gearbeitet. Anschließend war er an der Einrichtung des Museums beteiligt. Bedeutend ist auch die **Fondation Maeght** in **St-Paul** mit der hochkarätigen Sammlung des Kunsthändlerpaares Maeght. Sie umfasst Werke von Braque, Chagall, Calder, Giacometti und Miró. In **Cagnes-sur-Mer** wurde in der Villa **Les Colettes**, in der Renoir bis zu seinem Tode gearbeitet hatte, das kleine **Musée Re-**

noir mit authentischer Atelieratmosphäre eingerichtet. Die Hauptstadt der Kunstmuseen an der Côte d'Azur ist jedoch zweifellos **Nizza**. Hier sind mit dem **Musée Matisse**, dem **Musée Chagall** und dem **Musée d'Art Moderne et d'Art Contemporain** gleich drei bedeutende Museen zu finden. In letzterem ist ein ganzer Saal **Yves Klein** (1928–1962) gewidmet, der den größten Teil seines Werkes jener Farbe gewidmet hat, die der Küste ihren Namen gab.

Goldene Palmen und rote Flitzer

Das kulturelle Großereignis an der Côte d'Azur ist das **Festival de Cannes**, auf dem alljährlich im Mai der beste Film mit der Goldenen Palme ausgezeichnet wird. Stars und Sternchen aus Film und Fernsehen versammeln sich dann im Palais de Festival und flanieren auf der Croisette mit Blick auf den Strand. Abends geht es dann zu den Banketts in die Hotels und Gourmetrestaurants der Stadt und anschließend in einen der angesagten Nachtklubs.

Das nächste Großereignis folgt dann Ende Mai im **Fürstentum Monaco**. Traditionell am Himmelfahrtswochenende rasen dann auf der Strecke des Circuit de Monaco die **Formel 1**-Piloten in ihren Rennautos durch die engen Gassen von Monte Carlo und kämpfen beim **Grand Prix de Monaco** um die heiß begehrten WM-Punkte. Extra für dieses Rennen werden mitten in der Stadt Holztribünen entlang der Strecke errichtet, damit man den Autos sehr nahe sein kann.

Links oben: *Badefreuden auf dem Dach von Le Corbusiers Unité d'Habitation in Marseille*
Rechts oben: *Ausschnitt aus Pablo Picassos ›Frieden‹ in der Chapelle romane in Vallauris*
Links unten: *Strandanlage des berühmten Hotels Carlton in Cannes*
Rechts unten: *Unter den Dächern von Nizza*

Eindrucksvolle Bergwelten

Von den Küstenstädten lohnen sich Ausflüge in das bergige Hinterland der Côte d'Azur, das vom **Massif des Maures** über das **Massif de l'Esterel** bis hin zu den **Gorges du Verdon** und den **Alpes de Provence** reicht. Erst in den letzten Jahren wurde diese Region touristisch erschlossen. Inzwischen führen zahlreiche Wanderwege durch die Bergwelt und an einigen Felsen kann man ausgiebig klettern. Zu den schönsten Naturkulissen gehört das Massif des Maures mit seinen herrlichen Kierfern-, Korkeichen- und Kastanienwäldern. Das Massif d'Esterel wiederum ist von tiefen Schluchten und zerklüfteten Felsen geprägt, über die sich im Frühjahr ein leuchtender Blütenteppich aus Mimosen, Ginster und Zistrosen legt. Im Osten erheben sich die mächtigen 1500–3000 m hohe Berge des **Mercantour**, das man zum Parc National erklärt hat. Hier wurden im **Val des Merveilles** bei **Tende** bemerkenswerte bronzezeitliche Felsritzungen entdeckt, die zu den schönsten in Europa zählen.

Seit Urzeiten bevölkert

Prähistorische Malereien, die über 27 000 Jahre alt sind, fand man in der nur vom Meer her zugänglichen **Grotte Henri Cosque** bei Marseille. Berühmt sind auch die Funde in den **Grottes de Vallonet** bei **Menton**, die neben denen von **Nizza** und **Monaco** zu den frühesten Zeugnissen der Menschheit gehören. Die Knochen, Waffen und Werkzeuge stammen aus der Altsteinzeit. Über die Völker, die hier damals lebten, ist jedoch bislang wenig bekannt.

Gesicherte Angaben kann man dagegen über das 7. Jh. v. Chr. machen. Griechen brachen zu dieser Zeit aus den übervölkerten Kolonien Kleinasiens auf und gründeten an der heute französischen Küste Handelsniederlassungen. Es scheint, als seien sie zunächst gut mit den hier ansässigen Ligurern ausgekommen, zumal die Griechen keinerlei Ambitionen hatten, weiter ins Landesinnere vorzudringen. Erst das Auftreten der Kelten brachte Unruhe und rief schließlich

sogar die Römer als Schutzmacht und dann als Eroberer auf den Plan.

Die Ruinen einer antiken römischen Stadt kann man auf dem Hügel von **Cimiez** bei Nizza besichtigen, von denen die Thermen sicherlich am eindrucksvollsten sind. Auch auf Spuren abendländischen Mönchtums trifft man an der Côte d'Azur. So kann man die **Abbaye St-Victor** bei Marseille und das **Monastère fortifié** auf den Îles de Lérins besuchen.

Sinnenfreuden

Die **Küche** der Côte d'Azur lohnt allein schon die Reise hierher. Sie ist eher deftig, rustikal und einfach, geprägt von frischem Gemüse und Gewürzen wie Rosmarin, Lorbeer und Thymian sowie Olivenöl und Knoblauch. An der Küste spielen natürlich Fisch und Schalentiere eine große Rolle, wobei die **Cuisine niçoise** eine ganz spezielle Note hat, auf die in **Côte d'Azur aktuell A bis Z** ausführlicher eingegangen wird. Bekannte Spezialitäten sind der Gemüseeintopf **Ratatouille** und die Fischsuppe **Bouillabaisse**.

Links oben: *Blütenpracht auf der Bataille des Fleurs beim Karneval in Nizza*
Links unten: *Blick auf das Massif de l'Esterel und die typisch roten Felsen der Côte d'Azur*
Rechts oben: *Die Palmen bestandene Allée des Boulingrins und das Casino von Monaco*
Rechts Mitte: *Bunte Düfte aus Grasse*

Der Reiseführer

Dieser Band stellt die **Côte d'Azur** und ihr **Hinterland** in *acht Kapiteln* vor. Der Text führt von Marseille bis zur italienischen Grenze nach Menton. *Übersichtskarten* und *Stadtpläne* erleichtern die Orientierung. Besondere Empfehlungen zu Hotels, Restaurants, Museen oder schönen Aussichtsplätzen geben die **Top Tipps**. Den Besichtigungspunkten sind **Praktische Hinweise** mit Tourismusbüros sowie Hotel- und Restaurantadressen angegliedert. **Côte d'Azur aktuell A bis Z** bietet alphabetisch geordnet Nützliches von Informationen vor Reiseantritt über Einkaufen, Essen und Trinken, Feste und Feiern bis zu Verkehrsmitteln. Hinzu kommt ein praktischer **Sprachführer**. Das **Kaleidoskop** mit interessanten **Kurzessays** zu regionalspezifischen Themen rundet den Reiseführer ab.

Geschichte, Kunst, Kultur im Überblick

Von Römerreich und Grafenmacht, Künstlern, Stars und Festspielglamour

um 900 000 v. Chr. Älteste Zeugnisse menschlicher Besiedlung im Bereich der Provence (Le Vallonet).

um 500 000 v. Chr. Zeugnisse altsteinzeitlicher Besiedlung bei Nizza (Terra Amata).

um 25 000 v. Chr. Aufsehenerregende Funde von hervorragend erhaltenen Wandmalereien in einer nur submarin zugänglichen Grotte bei Marseille [Grotte Casquer; s. S. 22] bezeugen die Anwesenheit des Menschen zu einer Zeit, in der der Wasserspiegel des Mittelmeers (wegen der Eiszeit, die große Mengen des Wassers in den Gletschern band) rund 120 m tiefer lag als heute: Inselgruppen wie die Îles d'Hyères waren damals noch mit dem Festland verbunden.

um 5000 v. Chr. ›Neolithische Revolution‹: Die Menschen werden sesshaft, betreiben Ackerbau.

1800–800 v. Chr. Bronzezeit. Ligurer bevölkern die Provence.

um 1000 v. Chr. Lebhafter Seehandel an den Küsten des Mittelmeers durch Phönizier und Griechen.

8.–4. Jh. v. Chr. Invasion der Kelten, die sich mit den Ligurern vermischen und feste Siedlungen (Oppida) gründen.

um 600 v. Chr. Griechen aus Phokis in Kleinasien gründen Marseille (Massalia).

542 v. Chr Die Kriegsflotte der Karthager überfällt Massalia. Die Karthager setzen sich im Küstengebiet fest und werden von dort erst 482 wieder vertrieben.

4. Jh. v. Chr. Blütezeit Massalias. Pytheus der Seefahrer erforscht die Nordmeere, Massalia gründet Kolonien – Monoikos (Monaco), Emporion (Ampurias), Antipolis (Antibes) – und beherrscht die Küste. Zu den Kelto-Ligurern im Hinterland bestehen gute Beziehungen.

218 v. Chr. Hannibal zieht im 2. Punischen Krieg (218–202) von Spanien durch die Provence und überquert die Alpen. Massalia ist gegen ihn mit den Römern verbündet.

217 v. Chr. Die massaliotische Flotte besiegt, unterstützt von den Römern, die Flotte des Karthagers Himilcon.

197 v. Chr. Die Römer haben sich gegen Karthago durchgesetzt und gründen auf der Iberischen Halbinsel die beiden ersten außeritalienischen Kolonien, Hispanica citerior und ulterior. Damit gewinnt die uralte ›Straße des Herkules‹, die spätere Via Domitia bzw. Via Aurelia (heute Route Nationale 7), als Verbindung zwischen Spanien und Italien an Bedeutung.

Fréjus: Erinnerung an römische Vergangenheit

2. Jh. v. Chr. Massalias Beziehung zu den Kelten im Hinterland verschlechtert sich.

181, 154 und 125 v. Chr. Massalia ruft das mit ihm verbündete Rom gegen die keltischen Saluvier zu Hilfe.

123 v. Chr. Der Hauptort der Saluvier, Entremont, wird daraufhin von den Truppen der Feldherrn M. Fulvius Flaccus und C. Sextius Calvinus dem Erdboden gleichgemacht.

58–51 v. Chr. Cäsar erobert im Gallischen Krieg (Bellum Gallicum) ganz Gallien.

49 v. Chr. Cäsar erobert im Bürgerkrieg gegen Pompeius Massalia, das sich nicht auf seine Seite gestellt hatte und künftig als ›Massalia‹ mit dem gesamten Küstenstreifen unter römischer Oberhoheit steht. Gründung der Römerstadt Forum Iulii, des heutigen Fréjus.

27 v. Chr. Kaiser Augustus macht Lugdunum (Lyon) zur Hauptstadt ganz Galliens.

6 v. Chr. Kaiser Augustus errichtet das Monument der Unterwerfung und Befriedung des Landes in La Turbie (›La Trophée‹).

285–305 n. Chr. Regierungszeit des Kaisers Diokletian. Er organisiert die Reichsverwaltung neu; Lyon verliert seine Funktion als Hauptstadt Galliens.

308 Konstantin der Große macht Arelate (Arles) zur kaiserlichen Residenz.

um 410 Der aus Trier stammende hl. Honoratus gründet auf der später nach ihm benannten Île St-Honorat (Îles de Lérins) eines der ersten Klöster des Abendlandes.

443 Die vom Rhein vertriebenen Burgunder gründen an der Rhône ein neues Reich. Königssitz ist seit 461 Lyon.

471 Der Westgotenkönig Eurich erobert Arles.

476 Ende des weströmischen Reiches. Vienne wird Hauptstadt der Burgunder.

523 Theoderich der Große gliedert die Provence seinem Ostgotenreich ein.

534/536 Burgund und die Provence werden Teil des Frankenreichs, das damit den Zugang zum Mittelmeer gewonnen hat.

7. Jh. Neue Blütezeit der Provence (Klostergründungen) unter den fränkischen Hausmeiern.

719 Invasion der Araber.

732 Karl Martell besiegt die Araber bei Tour und Poitiers, die aber auch in der Folgezeit als ›Sarazenen‹ immer wieder die Küste bedrohen.

741 Nach dem Tod von Karl Martell wird das Reich geteilt.

800 Kaiserkrönung Karls des Großen, der das Reich wieder eint.

843 Teilungsvertrag von Verdun über das Karolingerreich: Karl II. erhält das spätere Frankreich, Ludwig der Deutsche bekommt Deutschland und Lothar das Mittelreich (›Lotharingien‹) mit Burgund und mit der Provence zugesprochen.

855 Nach Lothars Tod wird sein Herrschaftsgebiet aufgeteilt: Ludwig II. erhält die italienischen Gebiete und die Kaiserwürde, Lothar II. Mittelfranken (Lothringen), Karl Burgund und das nun selbstständige Königreich Provence.

863 Nach dem Tod Karls wird sein Besitz zwischen den beiden überlebenden Brüdern geteilt: Lothar erhält Burgund, Ludwig II. wird König der Provence.

875 Nach dem Tod Ludwigs II. zerfällt das Frankenreich.

879 Die Adligen der Provence erheben einen der Ihren, Boso von Vienne, zum König. Boso vereinigt Burgund und Provence zum Königreich Niederburgund (im Gegensatz zum 888 gegründeten welfischen Königreich Hochburgund).

um 934 Vereinigung der beiden burgundischen Reiche zum Königreich Arelat (nach seiner Hauptstadt Arles).

10. Jh. Einfälle der Sarazenen, Normannen, Ungarn. Benediktinische Klostergründungen.

972 Guillaume d'Arles besiegt die Sarazenen und nennt sich fortan ›Graf der Provence‹. Er gilt als Stammvater der Grafen der Provence aus den Häusern Toulouse und Barcelona.

973 Eroberung des maurischen Groß-Fraxinet durch Wilhelm I., Graf der Provence und damit Ende der Übergriffe durch die Sarazenen.

1032 Das Königreich Burgund wird in das Deutsche Reich eingegliedert.

1125 Nach dem Aussterben der Grafen von Arles (1112) wird die Provence zwischen den Grafen von Toulouse und Barcelona aufgeteilt.

1136 Gründung des Zisterzienserklosters Abbaye du Thoronet, 4,5 km westlich von Le Thoronet.

1162 Kaiser Friedrich Barbarossa erkennt Raymond Bérenger von Barcelona als Graf der Provence an.

1178 Der Kaiser beendet die Streitigkeiten zwischen den Grafen von Barcelona und Toulouse durch seine demonstrative Krönung zum König der Provence in Arles.

1194 Raymond VI. (gest. 1222) wird Graf von Toulouse. Er sympathisiert mit den Ideen der Albigenser, die das Papsttum und die katholische Kirche ablehnen.

Napoleons Rückkehr aus Elba (1815) in der Sicht eines zeitgenössischen Karikaturisten

◁ *Als man noch im Winter an die Riviera fuhr…*

1206 Beginn der Predigertätigkeit des hl. Dominikus gegen die Albigenser.
1208 Ermordung des päpstlichen Legaten Pierre de Castelnau, für die Raymond VI. verantwortlich gemacht wird.
1209 Unterwerfung und Buße Raymonds VI., dennoch Beginn des ›Albigenserkreuzzugs‹.
1229 Mit der Unterwerfung Raymonds VII. (1222–1249) enden im Frieden von Paris die Albigenserkriege. Das südliche Languedoc fällt fast ganz an die französische Krone.
1246 Karl I. von Anjou, ein Bruder Ludwigs IX., des Heiligen (1226–1270), heiratet Béatrice von Provence, die Tochter des Grafen Raymond Bérenger von Barcelona, der seine Besitzungen behalten hatte, und wird so Graf der Provence.
1250 Nach dem Tod des Stauferkaisers Friedrich II. ist Ludwig IX. der mächtigste Herrscher im Abendland.
1285 Philipp IV., der Schöne (1285–1314), regiert in Frankreich. Systematisch dehnt Frankreich sein Herrschaftsgebiet nach Süden aus. Dabei gelingt es Philipp, auch das Papsttum unter seine Gewalt zu bringen.
1303 Der mächtige Papst Bonifaz VIII. wird vom französischen König gefangen genommen.
1309 Der französische Papst Clemens V. lässt sich auf Anraten Philipps in Avignon nieder. Damit beginnt die langjährige ›Babylonische Gefangenschaft der Päpste‹.
1309–76 Päpste residieren in Avignon.
1378–1417 Abendländisches Schisma; Avignon ist bis 1408 die Residenz des Gegenpapstes.
1388 Die Grafschaft Nizza fällt an Savoyen.
1404 Anlage des Kriegshafens von Toulon.
1481 Karl von Maine, der Neffe König Renés, vermacht die Provence testamentarisch dem französischen König.
1486 Die drei Stände der Provence ratifizieren in Aix den Anschluss der Provence an Frankreich.
1539 Französisch wird Verwaltungssprache der Provence.
1560–98 Religionskriege in Frankreich.
1598 Heinrich IV. erlässt das Edikt von Nantes: Gewissensfreiheit für Protestanten. Ende der Religionskriege.
1620 Der Bildhauer und Architekt Pierre Puget wird in Marseille geboren.
1685 Ludwig XIV. widerruft das Edikt von Nantes. Rund 500 000 Hugenotten wandern in protestantische Länder aus.
1771 Das Parlament von Aix wird aufgelöst.
1787 Protestantenerlass: Den Protestanten wird Glaubensfreiheit gewährt.

Henri Matisse 1946 in Vence

1789 Wahl der Generalstände. Beginn der Französischen Revolution.
1791 Der aus Aix gebürtige Graf Mirabeau (geb. 1749), der Vermittler zwischen Royalisten und Republikanern, stirbt.
1792 500 Freiwillige aus Marseille marschieren nach Paris und singen dabei das von Rouget de Lisle in

◁ *Bei den Filmfestspielen von Cannes versammeln sich die Stars, darunter Leonardo DiCaprio, John Malkovich und Gérard Départdieu*

Straßburg komponierte ›Lied der Rheinarmee‹, das als ›Marseillaise‹ berühmt und später zur französischen Nationalhymne wird.

1793 Toulon wird unter Führung Bonapartes von den Republikanern erobert. Nizza kommt von Savoyen zu Frankreich.

1815 Napoleons Marsch auf Paris (›Route Napoléon‹).

1834 Lord Brougham ›entdeckt‹ die klimatischen Vorzüge von Cannes.

1860 Volksentscheid in Nizza, das endgültig zu Frankreich kommt.

1919 3. Dezember: Tod Renoirs, der sich 1907 in Haut-de-Cagnes niedergelassen hatte. Picasso verbringt zum ersten Mal den Sommer an der Côte d'Azur.

1928 Yves Klein wird in Nizza geboren.

ab 1933 Emigranten (Bertolt Brecht, Lion Feuchtwanger, Heinrich und Thomas Mann, Franz Werfel u. a.) lassen sich vorübergehend an der Côte d'Azur nieder.

1944 Landung der Alliierten in Toulon, Befreiung des nationalsozialistisch besetzten Frankreich.

1946 Picasso wird nach Vallauris eingeladen und arbeitet in Antibes. Gründung der Filmfestspiele von Cannes.

1950 Brigitte Bardot lässt sich in St-Tropez nieder.

1952 Picasso malt seinen Zyklus ›Krieg und Frieden‹, der später in der Kapelle von Vallauris angebracht wird.

1954 3. November: Henri Matisse in stirbt in Nizza.

1973 8. April: Pablo Picasso stirbt in Mougins.

1985 28. März: Marc Chagall stirbt in St-Paul.

1986 Die rechtsradikale Partei ›Front National‹ Jean-Marie Le Pens zieht in die Nationalversammlung ein und erhält an der Côte d'Azur bis zu 20 % der Stimmen.

1990 Eröffnung des Musée d'Art Moderne et d'Art Contemporain in Nizza.

1995 und 1997 Erhebliche Einbußen der etablierten Parteien bei den Kommunal- und Präsidentschaftswahlen. In etlichen Städten (u. a. Toulon, Nizza und Marignac) kommt die rechtsradikale Partei ›Front National‹ an die Regierung.

2000 In Marseille wird das 1861 erbaute, 100 000 m^2 große Dockareal der Speicherstadt ›Les Docks de La Joliette‹ aufwendig umgestaltet.

2002 Am 29. Juni eröffnet in Nizza die Bibliothèque Louis Nucera, benannt nach dem Schriftsteller (*1928) aus Nizza, der im Jahr 2000 tödlich verunglückte.

2006 Auf dem neu eingerichteten Rundweg ›Côte d'Azur des Peintres‹ stehen Repliken von über 30 Meisterwerken an genau den Stellen, die Künstlern wie Renoir, Monet oder Chagall als Vorlage gedient haben.

Sommer 2008 Das Musée Picasso in Antibes wird nach umfassender Restaurierung wiedereröffnet.

Nizzas modernes Gesicht, die Bibliothèque Louis Nucera ▷

Glitzerndes Paradies ohne Steuern:
das Fürstentum Monaco

Unterwegs

Marseille – Frankreichs Tor zur Welt

Marseille ist besser als sein Ruf. Die ungemein lebendige und in vieler Hinsicht attraktive **Hafenstadt**, die in jüngster Zeit durch soziale Probleme negative Schlagzeilen machte, hat sich in den letzten Jahren mehr und mehr stabilisiert und zu einer internationalen **Metropole der Kultur** entwickelt. Die multikulturelle Stadt ist, stärker als alle anderen der französischen Mittelmeerküste, Frankreichs Tor zur Welt. Wenn sie auch streng genommen nicht mehr zur Côte d'Azur gehört, so ist Marseille doch für viele Urlauber der Auftakt zu einer Reise entlang einer der reizvollsten Küstenregionen Europas.

1 Marseille

TOP TIPP *Um den alten Mittelmeerhafen dehnt sich Frankreichs zweitgrößte Stadt aus.*

›Massalia‹, so lautet der ursprüngliche Name der Stadt, wurde um 600 v. Chr. von griechischen Siedlern aus Phokäa in Kleinasien gegründet. Zwischen dem neuen Handelsstützpunkt und den keltischen ›Oppida‹ im Hinterland, insbesondere Entremont, bestanden lebhafte, zunächst friedliche Kontakte. Als es dennoch zu kriegerischen Auseinandersetzungen kam, riefen die Massalioten erstmals 181 v. Chr. die **Römer** zu Hilfe. Dies geschah drei Mal, 181, 154 und 125 v. Chr. Die Römer setzten sich daraufhin erst in der Gegend von Aix, später in ganz Gallien fest. Dabei blieb Massalias Autonomie unangetastet – die Römer sorgten für

Ordnung im Hinterland, die Griechen trieben ungestört Handel an der Küste.

Dieses Einvernehmen änderte sich erst, als Massalia beschloss, im römischen Bürgerkrieg zwischen Pompeius und Cäsar (49–46 v. Chr.) nicht für diesen Partei zu ergreifen, sondern neutral zu bleiben. Cäsars Truppen eroberten Massalia, die Stadt verlor in der Folgezeit ihre Privilegien zugunsten anderer, nun von den Römern bevorzugter Städte wie insbesondere Arles.

In nachchristlicher Zeit wechselten Massalias Machthaber häufig. Im 6. Jh. unterstand die Stadt den Ostgoten des Theoderich, 536 gehörte sie zum Reich Clothars I., 561 zu *Austrien*, dem Ostteil des fränkischen Herrschaftsgebiets. Nach dem Zerfall der *Merowingerherrschaft* wurde Marseille vorübergehend selbstständig, 736–739 eroberte der fränkische Hausmeier Karl Martell mit der gesamten Provence auch Marseille.

Als nach dem Ende des Frankenreichs Boso von Vienne 879 das Königreich Arelat (Niederburgund) gründete, wurde Marseille als Vicomté Arles unterstellt (Vicomté = Sitz eines Vizegrafen).

Das 10. und 11. Jh. waren geprägt von Streitigkeiten zwischen geistlicher und weltlicher Macht, das 12. und 13. Jh. vom Konflikt zwischen den Ansprüchen der letzteren und denen eines aufstrebenden Bürgertums. 1257 eroberte Karl von Anjou die Stadt, 1480 fiel Marseille mit der gesamten Provence an Frankreich. Die Stadt erlebte in den folgenden beiden Jahrhunderten einen wirtschaftlichen Aufschwung, doch raffte die Pest 1720 über die Hälfte der damals 76 000 Einwohner dahin.

Ein neuer Aufstieg begann 1869 mit der **Eröffnung des Suezkanals**: Marseille entwickelte sich zum größten Hafen des Mittelmeers, zum Tor nach Afrika und zum Orient. Dies hatte vor allem während des Zweiten Weltkriegs gravierende Folgen: Während der Zeit der Nationalsozialisten verließen zahllose Emigranten von Marseille aus das Land; der Flüchtlingsstrom versiegte allerdings, als Heinrich Himmler 1943 die Zerstörung eines großen Teils der Altstadt befahl.

Nach dem Zweiten Weltkrieg entstanden mit der Eröffnung des Großhafens Marseille-Fos zahlreiche neue Arbeitsplätze, die sehr viele Einwanderer aus

Illuminierter Eingang des Alten Hafens von Marseille, im Hintergrund die Cathédrale Ste-Marie-Majeure

den Kolonien, insbesondere aus Algerien anzogen (sog. ›Pieds-Noirs‹). Diese ließen sich vorwiegend im Norden der Stadt nieder, in jenen Stadtvierteln, die noch bis in die 1970er-Jahre ausgesprochenen Slum-Charakter aufwiesen (sog. Bidonvilles). Inzwischen hat man einiges unternommen, um die Wohnsituation auch in solchen Vierteln zu verbessern.

Besichtigung Das Wahrzeichen der Stadt ist die Wallfahrtskirche **Notre-Dame-de-la-Garde** 1 (Tel. 04 91 13 40 80, Juli/Aug. tgl. 7.30–19.30 Uhr, Sept.–Juni tgl. 7.30–18.30 Uhr). Wer sich einen Überblick über Marseille verschaffen will, sollte zuerst dort hinauf fahren, zum *Plateau de la Croix*, von dessen Esplanade sich das Panorama der Stadt in seiner ganzen imponierenden Spannweite zwischen Bergen und Meer darbietet.

Die von Henri Espérandieu an der Stelle einer alten Wallfahrtskirche um die Mitte des 19. Jh. im ungemein aufwendigen byzantisch-romanischen Stil erbaute Kirche ist eines jener Marienheiligtümer, die in Frankreich häufig die Stadtsilhouette um eine exotische Note bereichern (so z. B. auch in Paris und Lyon). Gerade in Südfrankreich gehen solche Heiligtümer häufig noch auf vorchristliche Kultstätten zurück. Auf den höchsten Berggipfeln

Die düstere Vergangenheit sieht man dem Chateau d'If nicht mehr an – in seinen feuchten Kerkern schmachteten zahllose politische Gefangene

stehen immer wieder kleine oder größere Kapellen, die der Muttergottes geweiht sind, und auch an der Küste ist der Kult der *Notre-Dame-de-la-Garde*, der wachsamen Beschützerin, weit verbreitet [s. S. 33].

Im Fall von Marseille kommt zweierlei zusammen: Das 19. Jh. ist, nach der Eröffnung des Suezkanals (1869), für die Hafenstadt eine wirtschaftliche Blütezeit. Marseille öffnet sich dem Welthandel – nicht von ungefähr bestimmen Bauten aus dieser Zeit bis heute das Stadtbild. Zum anderen ist die Marienkirche nicht nur Wahrzeichen, sondern zugleich Orientierungspunkt – eine Art Leuchtturm auch im metaphorischen Sinn: Unzählige Votivtafeln in der Unterkirche belegen die Inbrunst, mit der hier Seefahrer bis heute zu Maria beten, dem ›Stern der Meere‹, sie um sichere Heimkehr bitten oder ihr für eine solche danken.

Man erkennt von hier oben die exponierte geografische Lage, die weißen Kalkberge, die Weite der Bucht der ›Rade de Marseille‹, den natürlichen Hafen Lacydon, der Keimzelle und Zentrum der Stadt ist, und die Inseln Frioul und Château d'If, die einst die Gipfel kleiner Vorgebirge waren. Es lohnt, von der Place Général-de-Gaulle am Quai des Belges zum **Château d'If** 2 (Tel. 04 91 59 02 30, www.monum.fr, Mai–Mitte Sept. tgl. 9–18 Uhr, Mitte Sept.–März Di–So 9–17.15 Uhr, April tgl. 9–17.30 Uhr) hinauszufahren und sich die Festung anzuschauen, die Franz I. 1524–28 erbaut hat und die seit dem 17. Jh. – fortifikatorisch bereits veraltet – als Staatsgefängnis diente. Als solches wurde sie weltberühmt durch *Alexandre Dumas'* Roman ›Der Graf von Monte Christo‹ (1844/46). Man kann die Zellen besichtigen, in denen prominente Gefangene, unter ihnen Graf Mirabeau, schmachteten. Wichtiger noch ist die Rückfahrt, denn Marseille hat zwei Gesichter: Ebenso informativ wie der Blick von oben ist die Sicht vom Meer.

Vieux Port

Am **Vieux Port** 3 gingen um 600 v. Chr. die von den Persern bedrängten Aussiedler aus Phokäa an Land. Ihr Anführer war jener Protis, den die Sage so charmant zum Stadtgründer macht: Gyptis, die Tochter des Ligurerkönigs Nann, soll dem jugendlichen Ankömmling vor allen Freiern den gefüllten Becher gereicht und ihn damit zum Auserwählten gemacht haben: Die Hochzeit zwischen Ligurern

Die Église Notre-Dame-de-la-Garde mit Marienfigur auf dem Plateau de la Croix

und Griechen wurde gefeiert. Eine Bronzetafel am Quai des Belges markiert die Stelle, an der Protis seinen Fuß auf provenzalischen Boden gesetzt haben soll – nun, ganz stimmt es nicht, denn hier war damals nur Sumpf, der antike Hafen lag weiter nördlich, landeinwärts.

Einiges spricht übrigens dafür, dass schon vor den Phokäern Griechen aus Rhodos diese Küste befuhren – möglicherweise also hatte Massalia bereits eine Vorgängerin und wäre damit älter als ›lediglich‹ 2500 Jahre. In jedem Fall ist die Gegend uraltes Siedlungsgebiet: Einer Sensation kam es gleich, als 1991 am **Cap Morgiou**, südlich von Marseille, von Tauchern eine nur unter Wasser zugängliche Grotte entdeckt wurde, deren zahlreiche und künstlerisch höchst bedeutsame Malereien und Ritzzeichnungen es an Schönheit und Lebendigkeit mit denen von Lascaux und Altamira aufnehmen können. Die Wissenschaftler schätzen die Malereien der **Grotte Casquer** auf ein Alter von rund 27 000 Jahren. Damals waren die Höhlen noch trockenen Fußes zugänglich, denn die Küste befand sich rund 10 km weiter südlich, d. h. der Wasserspiegel lag – infolge größerer, noch in Gletschereis gebundener Wassermengen – wesentlich tiefer als heute. Interessant ist, dass er sich noch in der Römerzeit 40–45 cm unter dem heutigen Niveau befand; seit der Null-Festlegung des Wasserspiegels 1885/87 ist das Meer bei Marseille um rund 11 cm gestiegen.

Selten wurde ein Hafen so zentral und bestimmend ins Stadtbild integriert wie hier. Allerdings hat Marseille sehr gelitten durch die barbarische Zerstörung seiner Altstadt. Am 1. Februar 1943 begannen die deutschen Besatzer mit systematischen Sprengungen. Die engen, unüberschaubaren Gassen und Quartiere waren zu einem Refugium der Verfolgten und Flüchtenden geworden, die auf eine Möglichkeit zur Ausreise warteten. Die Nationalsozialisten beseitigten diese Verstecke mit Gewalt. Nur wenige historische Bauten wurden verschont. Der Wiederaufbau vollzog sich in Eile und mit wenig Geld. Der damit beauftragte Architekt *Auguste Perret*, an sich ein prominenter Pionier des neuen Bauens in Frankreich, wurde wegen seiner eintönigen Hafenbebauung vehement kritisiert. Aus heutiger Sicht muss jedoch festgestellt werden: Perrets Architektur mit ihren Arkadengängen, Treppen, Bögen und Sichtachsen ist besser als ihr Ruf. Modernen Anforderungen genügen die Hafenanlagen des 19. Jh. allerdings nicht mehr.

So wird im Rahmen des Städtebauprojekts **Euroméditerranée** (www.euromediterranee.fr) seit Ende des 20. Jh. die Hafenfront erneuert. An der Mole J 4 des Port de la Joliette entsteht derzeit das *Musée des Civilisations de l'Europe et de la Méditerranée* (Esplanade Saint-Jean, Tel. 04 96 11 63 22, www.musee-europemediterranee.org). Der zweite Teil des ambitionierten Museumsvorhabens soll im alten Fort St-Jean (s. u.) realisiert werden. Die Eröffnung ist für 2010 geplant. Kleinere Ausstellungen und Veranstaltungen finden bereits hier statt.

Der Vieux Port dient heute als **Jacht- und Fischereihafen** – es ist spannend zu sehen, wenn morgens die Fischkutter einlaufen und gleich an Ort und Stelle ihren Fang auf dem Fischmarkt am Quai des Belges verkaufen (tgl. 7–9 Uhr).

Der **Hafeneingang** ist dreifach gesichert: Außer dem vorgelagerten Château d'If bewachen das **Fort St-Jean** 4 auf der nördlichen und auch das **Fort St-Nicolas** 5 auf der südlich begrenzenden Landzunge den Zugang. Beide entstanden im 17. Jh. unter Ludwig XIV. anstelle älterer Befestigungsanlagen. Von 1905 bis 1944 waren beide Forts durch eine kühne eiserne Brücke (›Pont transbordeur‹) verbunden, heute ist dieses Wahrzeichen der Stadt durch einen Tunnel ersetzt. Jenseits des Fort St-Nicolas lädt der **Parc du Pharo** 6 zum Flanieren ein. Das spätklassizistische Schloss, das Napoleon III. seiner Gattin Eugénie erbauen ließ, dient heute repräsentativen Zwecken.

Von der Stirnseite des Hafenbeckens, dem Quai des Belges nahe der Place Général-de-Gaulle führt die einstige Prachtstraße **La Canebière** 7 – der Name leitet sich von ›Cannabis‹, Hanf, ab, weil hier die Schiffstaue hergestellt wurden – schnurgerade nach Osten. Sie wird gekreuzt vom im 17. Jh. angelegten **Cours Belsunce**, der im Norden Rue d'Aix heißt – von dort kommt er und dort führt er hin –, im Süden aber Rue de Rome. Einige schöne Palais haben sich erhalten (z. B. das *Logis d'Auriol* an der Ecke zur Canebière). Der ›Grand Cours‹, wie er auch genannt wird, besitzt zwei markante Blickpunkte: Im Norden den 1833 zu Ehren der Revolutionskriege und des napoleonischen Kaiserreichs errichteten *Arc de Triomphe* und im Süden den großen *Brunnen der Place Castellane* (1911) mit einer Darstellung der Stadtgöttin von Marseille.

Gang durch die Altstadt

Die Altstadt konzentriert sich im halbinselförmigen Dreieck nördlich des Hafens, zwischen Quai du Port, Rue de la République und der Hafenerweiterung, die das 19. Jh. im Nordwesten beisteuerte. Dieses Areal ist weitgehend identisch mit dem auf drei Hügeln angelegten Stadtzentrum der Antike, wobei zu berücksichtigen ist, dass der ursprüngliche Hafen tiefer und ›hornförmig‹ ins Land eingeschnitten war. Es ist nicht ganz einfach, sich im Rahmen der skizzierten Koordinaten zurechtzufinden. Man sollte sich daher für den beschriebenen Stadtrundgang mehr als einen Tag Zeit nehmen.

Der beste Ausgangspunkt für einen Rundgang ist der Hafen, gewissermaßen also am Ursprung der Stadt. Wenige Schritte hinter dem Quai des Belges ist in dem **Palais de la Bourse** (am Ort der ältesten, 1599 gegründeten Handelskammer Frankreichs), einem Bau des für Marseille ›goldenen‹ 19. Jh. (1860), das für die

Notre-Dame-de-la-Garde in Marseille – das Innere der Kirche erstrahlt in der goldenen Pracht verschiedenster Stilanleihen

Geschichte der Stadt, ihre Wirtschaft und die Seefahrt interessante **Musée de la Marine et de l'Économie** 8 (9, La Canebière, Tel. 04 91 39 33 33, tgl. 10–18 Uhr) untergebracht.

Hinter der Börse breitet sich der **Jardin des Vestiges** 9 aus, ein großzügig angelegtes Ausgrabungsgelände im Bereich des antiken Hafens. An seinem Rand befindet sich auch, integriert in einen Kaufhauskomplex, das außerordentlich sehenswerte **Musée d'Histoire de Marseille** 10 (Square Belsunce, Tel. 04 91 90 42 22, Mo–Sa 12–19 Uhr) zur Geschichte des antiken Marseille. Man sollte einen Besuch dieser Sammlung keinesfalls versäumen

– nicht nur wegen des gut erhaltenen römischen Schiffes, das 1974 entdeckt wurde und nun hier ausgestellt ist.

Auf dem Weg zum Quai du Port auf der Nordseite des Hafens kommen wir an der ehem. Augustinerkirche **St-Ferréol** 11 vorbei, einer gotischen Wandpfeilerkirche provenzalischen Typs (1542 geweiht) mit barocker Fassade; in den Seitenkapellen verdienen drei Gemälde von Michel Serre (1658–1733) Beachtung: ›Die Heiligen Peter und Paul‹, ›St. Margareta‹ und ›Flucht nach Ägypten‹.

Interessanter noch ist die Kirche **St-Cannat** 12, die man erreicht, wenn man einige Schritte der 1864 nach Haussmann-Art schnurgerade angelegten und einheitlich gestalteten Rue de la République folgt, die den Quai des Belges mit dem Hafen La Joliette verbindet: Die ehem. Dominikanerkirche entstand 1526–1619. Bemerkenswert sind die von den Brüdern Gérard geschaffene Fassade von 1739 mit dem Ordensheiligen Benedikt XI., Pius V., André Abellon und Vincent Ferrer, der *Hochaltar* von Fossati (1756), die 1742 entstandene Orgel von Frère Isnard, dem Schöpfer der berühmten Orgel von St-Maximin, die herrliche *Kanzel* sowie zwei *Gemälde* von Michel Serre: die ›Darstellung Jesu im Tempel‹ und das ›Fegefeuer‹.

Weiter nördlich, dem Straßenverlauf folgend, steht die gotische, ehem. **Karmeliterkirche** 13 mit Barockfassade. Sie erhebt sich auf hoher Terrasse – man sieht, auch Marseille ist, wie Rom, auf zahlreichen Hügeln erbaut.

Richtung Hafen zurück geht es allerdings über den Quai du Port. Hier hebt

◁ *Im Palais de la Bourse an der Place de Général de Gaulle ist heute das Musée de la Marine et de l'Économie untergebracht*

sich das **Hôtel de Ville** ⑭ vorteilhaft von Perrets eintöniger Bebauung ab. Das Rathaus wurde im 17. Jh. im Stil des Genueser Barock errichtet – ursprünglich war sein Dach höher; der skulpturale Schmuck der Fassade stammt wohl von dem genialsten Sohn der Stadt, dem Bernini-Schüler *Pierre Puget* (1620–1694) [s. S. 37 f.], dessen beide Entwürfe für den Bau selbst die Stadtväter jedoch leider verworfen hatten. Das Original der Reliefskulptur befindet sich im Musée des Beaux-Arts de Marseille, am Gebäude wurde eine Kopie angebracht.

Es gibt in der Altstadt nur wenige bedeutende Bauten, die die Zerstörung durch die Deutschen überlebt haben: Die **Maison de Cabre** ⑮ an der Ecke Grand' Rue und Rue Bonneterie wurde 1535 im Übergangsstil von Gotik und Renaissance für den Konsul Cabre erbaut und ist damit einer der ältesten erhaltenen Profanbauten der Stadt. Bei der Wiederherstellung des Viertels hat man das Gebäude in einer aufwendigen Aktion mit Hilfe von Hebeböden verschoben und um 90 Grad gedreht, um es der heutigen Straßenführung anzupassen.

Ein Beispiel eleganter Spätbarockarchitektur ist der **Pavillon Daviel** ⑯, die Fassade des ehem. Justizpalastes (18. Jh.) schmücken Skulpturen von J. M. Verdiguier. Dicht dabei setzt der **Clocher des Accoules**, der Glockenturm einer während der Reformation zerstörten gotischen Kirche, einen wichtigen Akzent: Seine Glocke rief einst die Räte der Stadt zu den Sitzungen.

Das mächtige **Hôtel Dieu** ⑰ wurde im 12. Jh. als Hôpital du St-Esprit, Heiliggeisthospital gegründet. Der heutige Bau stammt aus dem 18. Jh und verfügt über eine schöne Treppe des Architekten Esprit-Joseph Brun.

Eines der eigenartigsten Gebäude der Altstadt ist die **Maison Diamantée** ⑱, ein über und über mit diamantartig geschnittener Rustika überzogener Palast von renaissancehaftem Zuschnitt. Er ist jedoch, nach neueren Forschungen, jünger als er zu sein scheint, nämlich doch wohl nicht vor 1620 entstanden. Bezeichnenderweise war der Bauherr, der das trutzige Rustikamotiv verwandte, ein Militär, und ebenso bezeichnenderweise ein Italiener: *Nicola della Robbia*, ein Wachmann der städtischen Artillerie. Freilich wirkt die im südlichen Licht ein reizvolles Spiel von Licht und Schatten inszenierende Rustika hier eher dekorativ als wehrhaft. In der Maison Diamantée ist heute das heimatkundliche **Musée du Vieux Marseille** (2, Rue de la Prison, Métro: Vieux Port, Tel. 04 91 55 28 68, Di–So 10–17 Uhr) untergebracht, das anhand von Gemälden, Stichen, Plänen, Möbeln, Fayencen, Trachten und Krippenfiguren anschaulich die wechselhafte Geschichte der Stadt darstellt.

Etwas weiter nordwestlich informiert das kleine **Musée des Docks Romains** ⑳ (4, Place Vivaux, Métro: Vieux-Port, Tel. 04 91 91 24 62, Juni–Sept. Di–So 11–18 Uhr, Okt.–Mai Di–So 10–17 Uhr) über Leben, Alltag und Handel der römischen Hafenstadt. Das Museum befindet sich an der Stelle, an der 1946 riesige römische Tonfässer gefunden wurden. Von hier aus gelangt man über die Rue Caisserie und die Rue St-Laurent zum **Belvédère St-Laurent** 20, einem beliebten Aussichtspunkt.

Die wieder hergestellte Kirche **St-Laurent** (Esplanade de la Tourette, tgl. 14–17 Uhr) ist die vielleicht schönste Kirche von Marseille: Ein nobler, fein proportionierter tonnengewölbter Hallenraum aus dem 12. Jh., der bei den Sprengungen des Viertels stark beschädigt worden war. Ein Teil der barocken Einrichtung befindet sich heute in der Église de la Mission de France, Rue Tapis Vert. Gleich neben St-Laurent zeigt die **Chapelle Ste-Catherine** schöne postgotische Gewölbe auf Puttenkonsolen (1602).

Die zwei Kathedralen

Vom Belvédère führt die Esplanade de la Tourette zu zwei, kurz **La Major** genannten Kathedralen: Zum einen ist die **Ancienne Cathédrale Ste-Marie-Majeure** 21 (wegen Restaurierung geschl.), die aus dem 12/13. Jh. stammt. Von ihr sind lediglich der Chor, das Querschiff und eines der fünf Langhausjoche erhalten. Innen sind neben den architektonischen Details (Kuppelwölbung!) einige wertvolle Ausstattungsstücke beachtenswert: Der sog. *Altar des hl. Serenus*, die Vorderseite eines romanischen Reliquiensarkophags, zeigt unter antikisierenden Arkaden eine thronende Maria zwischen den Heiligen Cannat und Lazarus, deren Reliquien hier wohl ursprünglich beigesetzt waren.

Der in der Provence besonders verehrte Lazarus begegnet uns noch einmal im wohl frühesten Beispiel von Renaissanceskulpturen in der Provence, in der **Lazarus-Kapelle** an der Nordseite des Querhauses. Seine Schöpfer waren Italiener, die von König René in die Provence geholten Künstler *Tomaso di Como* und *Francesco Laurana*. Angemerkt sei, dass es sich bei der Verehrung des Lazarus, wie so oft bei Heiligenlegenden, um die Verquickung verschiedener historischer und legendärer Persönlichkeiten handelt: Der 411 aus Aix vertriebene Bischof Lazare war nach Marseille geflohen und wurde im Kloster St-Victor begraben. Die fromme Legende identifizierte ihn mit dem biblischen Lazarus aus Bethanien, und sein Grab galt im Mittelalter gar als Ausgangspunkt der wunderbaren Seefahrt mit Maximin, den drei Marien, Martha und Sara.

Die Kapelle besteht aus einer Doppelarkade mit fein dekorierter Bogenbekrönung. Unter dem rechten Bogen befindet sich ein Reliquienschrank, unter dem linken das *Lazarus-Retabel*. Es zeigt den Heiligen im Bischofsornat thronend zwischen Maria und Martha. Besonders schön sind die zarten *Reliefs der Predella* (von links: Auferweckung des Jünglings von Naim; Auferweckung des Lazarus; das Gastmahl bei Simon; die Ankunft der Barke in Marseille; Magdalena, den Bürgern von Marseille predigend; die Erhebung des Lazarus zum Bischof; seine Enthauptung).

Schließlich verdient noch die dem Atelier des *Lucca della Robbia* zugeschriebene ›Grablegung Christi‹ (mit Johannes, den drei Marien, Maria Magdalena und der ›apokryphen‹ hl. Sara) in der **Serenus-Kapelle** Aufmerksamkeit. Die Aufstellung dieses Reliefs aus glasierter Terrakotta könnte mit der Intensivierung des Kultes der hll. Marien nach der Entdeckung ihres Grabes 1448 zusammenhängen.

Der zweite Teil von *La Major* ist die **Cathédrale Ste-Marie-Majeure** 22 (Place de la Major, Tel. 04 91 90 52 87, Di–So 9–12 und 14.30–17.30 Uhr), die 1852 in einer kühnen Mischung aus romanischen, byzantinischen, islamischen und toskanischen (Streifeninkrustation) Stilelementen erbaut worden ist. Begonnen wurde der Bau von Léon Vandoyer, fertig gestellt wurde er 1872–93 unter der Leitung von Espérandieu – mühelos erkennt man seine Handschrift wieder [vgl. Notre-Dame-de-la-Garde, S. 20]. Die reiche Ausstattung stammt u. a. von Henri Révoil. Bei den Arbeiten für den Kathedralneubau traten die Fundamente des aus dem 5. Jh. stammenden *Baptisteriums* zutage, das, außen quadratisch, innen ein von Säulen getragenes Oktogon, mit fast 23 m Durchmesser das größte Baptisterium Frankreichs darstellte und zugleich auf das hohe Alter des Kathedralbezirks verweist.

Centre de la Vieille Charité 23

Nördlich des Kathedralkomplexes, auf der Anhöhe von Accoules, liegt die alte Charité. Sie wurde 1640 als Alten- und Armenhospiz erbaut und zwischen 1671 und 1679 von *Pierre Puget* in Anlehnung an Vorbilder aus Paris (Invalidendom) und Rom (S. Andrea al Quirinale) erweitert. Der um einen Innenhof mit zentraler Kapelle angelegte dreigeschossige Viereckbau ist eines der wenigen repräsenta-

Byzantinisch-romanischen Formen nachempfunden: die Cathédrale Ste-Marie-Majeure

tiven Gebäude des großen Bildhauers und Architekten in Marseille, der in seiner Heimatstadt ansonsten vergebens auf Aufträge und Anerkennung wartete. Die Hauptwerke, die seine Ausbildung bei Bernini und seine Orientierung an Michelangelo verraten, finden sich in Genua, Versailles, Paris (Louvre) und Toulon [Nr. 6]. Immerhin hat ihm seine Vaterstadt auf der Place Général-de-Gaulle ein würdiges Denkmal errichtet.

Das Centre de la Vieille Charité beherbergt heute die reichen Bestände des **Musée d'Archéologie Mediterranéenne** (2, Rue de la Charité, Métro: Joliette, Tel. 04 91 14 58 59, Juni–Sept. Di–So 11–18 Uhr, Okt.–Mai Di–So 10–17 Uhr), darunter die ebenso faszinierenden wie rätselhaften Funde von dem Keltenheiligtum *Roquepertuse*, keltoligurische Skulpturen, über deren Bedeutung und Datierung sich die Forschung noch keineswegs einig ist. Außerdem befindet sich hier das **Musée d'Arts Africains, Océaniens et Amérindiens (M. A. A. O. A.)** (2, Rue de la Charité, Tel. 04 91 14 58 38, Juni–Sept. Di–So 11–18 Uhr, Okt.–Mai Di–So 10–17 Uhr) mit umfangreichen Sammlungen zur Kunst *Afrikas*, *Ozeaniens* und *Lateinamerikas*.

Von der Charité aus erreicht man über die Place Lorette die repräsentative, von einstigen Luxushotels umstandene Place Sadi-Carnot und die Rue de la République. Folgt man der Rue Colbert, so gelangt man in das Viertel **Belsunce**, das seit mehr als 100 Jahren Einwandererquartier ist. Der historische Bahnhof, der sich dort befindet, die **Gare St-Charles** (24) mit ihrer mächtigen Freitreppe, ist seiner Modernität wegen bemerkenswert: Anders als viele gleichzeitig gebaute Bahnhöfe imitiert seine 1892/93 entstandene Architektur nicht Palast- oder Kathedralfassaden, sondern gibt sich betont sachlich, funktional, aber nicht weniger monumental. Etwas weiter nördlich vom *Bahnhof* wurde in einer ehemaligen Tabakfabrik das Kulturzentrum **La Friche de la Belle de Mai** (41, Rue Jobin, Tel. 04 95 04 95 04, www.lafriche.org) als lebendiger Ausstellungs- und Veranstaltungsort eingerichtet.

Stadt der Museen

Die fast 1200 m langen Canebière, endet an der neugotischen Kirche **St-Vincent-de-Paul** 25 (1850–90), wird aber durch mehrere mehr oder weniger parallel laufende Boulevards weitergeführt.

Auf dem nördlichen, dem Boulevard Longchamp, erreicht man nach ca. 800 m das **Musée Grobet-Labadié** 26 (Boulevard Longchamp, Métro: Longchamp-Cinq-Avenues, Tel. 04 91 62 21 82, Juni–Sept. Di–So 11–18 Uhr, Okt.–Mai Di–So 10–17 Uhr). Es wurde im 1873 erbauten Stadtpalais des Musikers Louis Grobet eingerichtet und enthält neben Grobets Instrumentensammlung Skulpturen des Mittelalters, Fayencen, Kunstschmiedearbeiten, Tapisserien und Möbel, aber auch Zeichnungen und Gemälde u.a. von Greuze und Murillo.

Das pompöse **Palais Longchamp** 27, das mit seinen Kolonnaden und Wasserspielen die Straße effektvoll abschließt, wurde von Espérandieu 1862–70 erbaut. Sein Mittelpavillon diente als Wasserturm – ein interessantes Beispiel, wie das 19. Jh. historischen Prunk und moderne Technik miteinander zu verbinden (oder letztere durch ersteren zu kaschieren) wusste. Das Palais beherbergt zwei bedeutende Museen. Im linken Flügel zeigt das **Musée des Beaux-Arts** (Tel. 04 91 14 59 30, wegen Umbau geschl.) Gemälde von Nattier, Greuze, Vernet und Rigaud, David und Ingres, Courbet und Corot, Brueghel und Rubens, Perugino, Caracci u.a., Skulpturen des in Marseille geborenen Daumier und Arbeiten von Puget sowie im Treppenhaus Wandgemälde von Puvis de Chavannes. Im rechten Flügel ist das **Muséum d'Histoire naturelle** (Rue Espérandieu, Tel. 04 91 14 59 50, www.museum-marseille.org, Di–So 10–17 Uhr) beheimatet, in dem die regionale Flora und Fauna sowie Aquarien mit tropischen und mediterranen Fischen zu sehen sind. Der Park hinter dem Palais war früher der Zoologische Garten Marseilles.

Südlich des Hafens

Südöstlich des Alten Hafens sind vor allem drei Ziele einen Besuch wert: Die **Opéra** 28 (2, Rue Molière, Tel. 04 91 55 11 10) aus dem 18. Jh., die nach einem Brand von 1919 durch G. Castel erneuert wurde und Arbeiten von Sartorio und Bourdelle enthält, die monumentale **Préfecture** 29 (1861–66) und das **Musée Cantini** 30 (19, Rue Grignan, Tel. 04 91 54 77 75, Métro: Estrangin-Préfecture, Juni–Sept. Di–So 11–18 Uhr, Okt.–Mai Di–So 10–17 Uhr), ein elegantes Hotel des 17. Jh., in dem eine bemerkenswerte Sammlung moderner Kunst untergebracht wurde. Schwerpunkte sind der Surrealismus, die Kunst der 1960er- und 1970er-Jahre sowie eine Fotosammlung. Wichtige Sonderausstellungen ergänzen das Programm.

Das bedeutendste Bauwerk im Bereich des südlichen Hafengeländes, zwischen Quai de Rive Neuve und Notre-Dame-de-la-Garde gelegen, ist die einstige Abtei **St-Victor** 31 (3, Rue de l'Abbaye, Tel. 04 96 11 22 60, tgl. 9–19 Uhr, www.saintvictor.net). Sie wirkt wie eine trutzige Festung. Vom Kloster, einem der ältesten des Abendlandes, ist nichts übrig geblieben, doch verweist die aus dem 5. Jh. stammende *Krypta* noch auf die Entstehungszeit dieses mächtigen und einflussreichen Zentrums kirchlicher und weltlicher Macht und Strahlkraft.

Der Kirchenpatron, der *hl. Victor*, lebte im 3. Jh. Er soll ein zum Christentum übergetretener römischer Offizier gewesen sein, der unter dem Mitkaiser Maximinian den Märtyrertod erlitt und in der Nekropole in den alten Steinbrüchen außerhalb der Stadt begraben wurde. Zur Schar der Verehrer, die zu seinem Grab pilgerten, gehörte auch der aus Rumänien stammende Johannes Cassianus, der hier ein Kloster errichtete. 440 weihte Leo der Große zwei Kirchen im Kloster St-Victor, in dem damals bereits die *Gräber* von drei Heiligen verehrt wurden: das des hl. Viktor, das des bereits erwähnten Bischofs Lazarus und das des mittlerweile ebenfalls verstorbenen Cassian.

Nach den Zerstörungen durch die Sarazenen wurde das Kloster 977 als *Benediktinerabtei* neu gegründet und im 11. Jh. wieder aufgebaut. Es gewann an Bedeutung und Macht, über längere Zeit waren die führenden politischen und kirchlichen Ämter der Stadt – Vizegrafenamt, Bischofssitz und Abtstuhl – in Händen ein und derselben Familie.

Von der *frühromanischen* Kirche ist noch die nördliche Eingangshalle erhalten, das heutige Langhaus ist das Resultat einer kühnen *Erweiterung*. Hierfür mussten gewaltige Substruktionen gebaut werden, um das über den Hang hinausragende südliche Seitenschiff (12./13 Jh.) abzustützen. Chor und Querhaus entstammen einer weiteren Bauphase und wurden initiiert von Papst Urban V., der 1363 als sechster Papst von Avignon

Die eindrucksvollen Kaskaden vor dem luxuriösen Palais Longchamp

den Stuhl Petri bestieg. Er war zuvor als Guillaume de Grimoard Abt in St-Victor gewesen. Die bis zu 3,25 m dicken Chormauern machten aus der Kirche eine gewaltige Festung, die das Kloster vor den ›Grandes Compagnies‹ (marodierenden Söldnerbanden) schützen sollte. Um die Mitte des 18. Jh. wurde das Kloster in ein Stift umgewandelt, in der Französischen Revolution schließlich aufgehoben und zerstört. 1895 begann man mit der Wiederherstellung der Kirche.

Deren größter Schatz sind die sog. *Krypten*. Die von Leo dem Großen geweihte, dreischiffige Basilika Notre-Dame mit ihrem quadratischen Atrium und der Kapelle St-Blaise wurde im 13. Jh. vom neuen Seitenschiff der romanischen Kirche überbaut. Vom östlichen Seitenschiff der alten Basilika aus gelangt man in die *Grottenkirche* des hl. Viktor. Das Kapitell einer aus dem Felsen gehauenen Säule zeigt eine bärtige, im Volksmund mit Lazarus identifizierte Figur. Ein Gang tut sich auf und mündet in weitere Katakombengemächer. Auch unter der Basilika wurden Gräber aus dem 3. Jh. gefunden, frühchristliche Sarkophage verweisen auf eine umfangreiche *Nekropole*, einige von ihnen wurden später in der Oberkirche aufgestellt. Man fühlt sich hier den Ursprüngen des Christentums sehr nahe.

Im Süden der Stadt

Abschließend sei noch ein recht ausgedehnter, aber lohnender **Ausflug** mit wunderbaren Ausblicken auf die Bucht von Marseille empfohlen. Er führt vom Parc du Pharo [s. S. 22] über die 5 km lange Küstenstraße *Corniche Président John-F.-Kennedy* vorbei an Grünanlagen, Hotels, Palais, Denkmälern und Skulpturen zum **Parc Borély** im Süden der Stadt. Dort sind dann nicht nur die *Gartenanlagen* (u. a. Botanischer Garten) zu bewundern, sondern auch das strenge, eigenartig anmutende klassizistische **Château Borély** (wegen Restaurierung geschl.), das sich der reiche Reeder Louis Borély in den 1770er-Jahren hatte erbauen lassen. Es enthält wertvolle Einrichtungsgegenstände und Deckenmalereien von Chaix und Parrocel.

Über die Avenue de Bonneveine gelangen wir zur *Avenue d'Haïfa*. Dort weist der gigantische Bronzedaumen des 1921 in Marseille geborenen Künstlers César (eigentlich César Baldaccini, einer der Hauptvertreter des so genannten Nouveau Réalisme) den Weg zum **Musée**

Das Monument aux héros de l'armée d'Orient et des terres lointaines (1927) gedenkt der für Frankreich in Nordafrika gefallenen Soldaten. Es steht an der Corniche Président Kennedy

d'Art Contemporain (MAC) (69, Avenue d'Haïfa, Tel. 04 91 25 01 07, Juni–Sept. Di–So 11–18 Uhr, Okt.–Mai Di–So 10–17 Uhr), dem ›billigsten Museum Frankreichs‹: Für umgerechnet lediglich 890 000 € hat hier der Generaldirektor der Museen von Marseille, Bernard Blistène, im Neubauviertel Bonneveine in einem leer stehenden Betonbau ein spektakuläres *Zentrum für Gegenwartskunst* eingerichtet, das Bestände verschiedener Museen und Sammlungen zusammenfasst: vorwiegend Werke französischer Kunst aus der Zeit nach 1960, u. a. Arbeiten von César, Ben Vautier, Yves Klein und Annette Messager. Fast die Hälfte der 3800 m² umfassenden Ausstellungsfläche ist für Wechselausstellungen bestimmt. Das Gebäude war eigentlich Ende 1960er-Jahre für die Kollektion des deutschen Sammlers Gustav Rau errichtet worden. Nachdem dieser jedoch seine Stiftung zurückgezogen hatte, baute der Architekt Lorenzo Pigneras das eingeschossige Gebäude für seinen neuen Zweck um und schuf so ein Zentrum für zeitgenössische Kunst, das zu den bedeutendsten in Frankreich zählt.

Über die Avenue du Prado gelangen wir zurück zum Stadtzentrum. Wendet man sich jedoch vom Rond Point du Prado noch einmal nach Süden, so kommt man auf dem Boulevard Michelet unmittelbar an *Le Corbusiers* 1947–54 entstandener **Unité d'habitation** 32 (auch: Cité Radieuse) vorbei, einer gigantischen Agglomeration von 337 Apartments für 1600 Menschen. Hier wurde ein architektonisches Modell realisiert, in dem vertikale Verdichtung an die Stelle von Zersiedlung und Landschaftsvernutzung treten sollte. Die Integration von Geschäften, Restaurants, Spielplätzen, Sporthalle, Hotel, Postamt und anderen Dienstleistungen gehört ebenso zum Konzept dieser in sich *autarken Kompakt-Stadt* wie die Anlage einer rund 4000 m² großen Dachterrasse und die technisch und ästhetisch konsequent eingesetzte Verwendung des Werkstoffs Beton. Das ein wenig an einen Ozeandampfer erinnernde Gebäude mag aus heutiger urbanistischer Sicht problematisch erscheinen. Keine Frage ist gleichwohl, dass es funktional, atmosphärisch und ästhetisch den umgebenden Wohnblöcken ›haushoch‹ überlegen ist.

Schräg gegenüber verdient die schöne *Villa Magalonne* (18. Jh.) Beachtung. Vor ihrer Fassade setzt ein Obelisk einen markanten abschließenden Akzent – er war nach Napoleons Ägyptenfeldzug von Pinchaud errichtet worden, schmückte aber ursprünglich die Place Castellane.

i Praktische Hinweise

Information

Office de Tourisme, 4, La Canebière, Marseille, Tel. 04 91 13 89 00, Fax 04 91 13 89 20, www.marseille-tourisme.com

Bahn

Gare de Marseille St Charles, Square Narvik, Marseille, Tel. 04 95 04 90 41, www.voyages-sncf.com

Bus

Gare routière, Place Victor Hugo, Marseille, Infotel. 08 91 02 40 25 (0,22 €/Min., nur innerhalb von Frankreich), Fax 04 91 46 64 69, www.infociao.com

Flugzeug

Aéroport Marseille Provence, Tel. 04 42 14 14 14, Fax 04 42 14 27 24, www.marseille.aeroport.fr

Hotels

********Sofitel Vieux Port**, 36, Boulevard Charles Livon, Marseille, Tel. 04 91 15 59 00, Fax 04 91 15 59 50, www.sofitel.com. Modernes Luxushotel mit schönem Blick auf den Alten Hafen.

*****New Hotel Vieux Port**, 3 bis, Rue Reine Elisabeth, Marseille, Tel. 04 91 99 23 23, Fax 04 91 90 76 24, www.new-hotel.com. In unmittelbarer Nähe des Hafens liegt das ehemalige Grand Hotel. Bezaubernd und komfortabel ist das stilvolle Ambiente des Hauses.

****Edmond Rostand**, 31, Rue Dragon, Marseille, Tel. 04 91 37 74 95, Fax 04 91 57 19 04, www.hoteledmondrostand.com. Zentral gelegenes, modern ausgestattetes Hotel.

Jugendherbergen

Bois Luzy, Auberge de Jeunesse, Château de Bois-Luzy, 12, Allée des Primevères, Marseille, Tel./Fax 04 91 49 06 18, www.fuaj.org. Schönes, auf einem Hügel gelegenes Schloss im Second Empire-Stil mit Panoramablick auf den Hafen von Marseille. Mit Campingplatz und Sportplatz.

Bonneveine, Auberge de Jeunesse, Impasse Bonfils, Avenue Joseph Vidal, Marseille, Tel. 04 91 17 63 30, Fax 04 91 73 97 23, www.fuaj.net. Nur 200 m bis zum Strand.

Restaurants

Chez Soi, 5, Rue Papère, La Canebière/Centre ville, Marseille, Tel. 04 91 54 25 41. Einfache, aber gute Küche (Mo geschl.).

TOP TIPP **Le Petit Nice – Passedat**, 16, Rue des Braves, Marseille, Tel. 04 91 59 25 92, Fax 04 91 59 28 08, www.petitnice-passedat.com. Marseilles Spitzenrestaurant ist in einem außerordentlich stilvoll eingerichteten Hotel beheimatet, in traumhafter Lage hoch über dem Meer (Restaurant So und Mo geschl., außer Mai–Sept. abends).

Miramar, 12, Quai du Port, Marseille, Tel. 04 91 91 10 40, www.bouillabaisse.com. Nicht nur die exzellenten Fischgerichte machen dieses angenehme Lokal zu einem kulinarischen Erlebnis. Als Spezialität gilt die köstliche Bouillabaisse (So und Mo geschl.).

Cité Radieuse: Le Corbusier erprobte hier neue Formen des Wohnens

Von Marseille nach Toulon – im ›wilden Westen‹

Von Marseille aus lohnen Ausflüge nach Norden, nach Aix-en-Provence, sowie nach St-Maximin-la-Ste-Baume [s. ADAC Reiseführer ›Provence‹]. Der Weg führt in steilen Serpentinen über die Berge, der Blick auf die Montagne-Ste-Victoire und hinunter zur Hafenstadt Marseille ist ebenso eindrucksvoll wie ein Besuch des Felsenheiligtums La-Ste-Baume mit der Grotte, in der Magdalena ihr Leben als büßende Einsiedlerin beendet haben soll. Die Küstenstraße, die vom Marseiller Hafen aus nach Süden führt, eröffnet faszinierende Perspektiven, doch sie endet unvermittelt in der grandiosen Wildnis der Klippen und Schluchten der *Calanques*. Wer Zeit hat, sollte in Richtung Osten über die landschaftlich außerordentlich eindrucksvolle D 559 nach Cassis fahren.

2 Cassis

Klippen, Fjorde und herrlicher Wein.

Cassis, griechisch Charsis, lateinisch Portus Charsicus, ist eine der ältesten Tochtergründungen Massalias. Der **kleine Hafen** wurde von Dichtern (Mistral) und Malern (Derain, Dufy, Matisse, Vlaminck) gerühmt und gemalt. Faszinierend ist die Landschaft seiner bizarren Fjorde und Klüfte, der **Calanques**. Man erschließt sie sich am besten zu Fuß oder mit dem Boot. Manche Klippen sind freilich das Ergebnis menschlicher Eingriffe: Hier wurde jahrhundertelang Kalkstein abgebaut, den man selbst in Genua oder am Suezkanal wieder findet. Berühmt ist auch der Weißwein, der nach seinem Herkunftsort benannt ist. 14 Weingüter kann man zu Fuß oder per Fahrrad auf einer **Route des Vins** (www.vinscassis.com) besuchen und dabei deren Weine probieren.

TOP TIPP

i Praktische Hinweise

Information

Office de Tourisme, im Oustau Calendal (Kongresszentrum), Quai des moulins, Cassis, Tel. 08 92 25 98 92 (0,34 €/Min., nur von Frankreich aus), Fax 04 42 01 28 31, www.ot-cassis.fr

Hotels

****__Roches Blanches__, Route des Calanques, Cassis, Tel. 04 42 01 09 30, Fax 04 42 01 94 23, www.roches-blanches-cassis.com. Zimmer und Terrassengarten mit Blick auf das Meer.

**__Le Golfe__, 3, Place Grand Carnot, Cassis, Tel. 04 42 01 00 21, Fax 04 42 01 92 08, www.legolfe-cassis.fr. Kleines Hotel mit Blick auf den Hafen.

Restaurants

Chez Gilbert, 19, Quai des Baux, Cassis, Tel. 04 42 01 71 36, www.restaurant-chez-gilbert.fr. Fischgerichte und Meeresfrüchte, mit Blick auf den Hafen.

Nino, 1, Quai Jean Jacques Barthélemy, Cassis, Tel. 04 42 01 74 32, www.nino-cassis.com. Restaurant mit Fischspezialitäten und einem schönen Ausblick auf den Hafen.

3 La Ciotat

Stadt der Lichter und Fischer.

Ziemlich genau in der Mitte zwischen Marseille und Toulon liegt La Ciotat auf einer seit Urzeiten besiedelten, weit ins Meer hinausragenden Felszunge. Ein natürlicher Hafen, grandios aufschwingende Buchten, ein bizarres Klippenpanorama, Inseln und Fjorde (die Calanques), die gewaltigen Eisenkonstruktionen einer stillgelegten Werft, eine anmutige, abends illuminierte Promenade, enge Gassen und kleine, quirlige Märkte bestimmen das Ortsbild.

Die Pfarrkirche **Notre-Dame** (1600–25) ist ein großer, weiter Raum mit einigen beachtlichen Ausstellungsstücken (Gemälde des 17. Jh., Orgel 1877, Fresken 1975 von Gilbert Ganteaume, einem ortsansässigen Künstler). Lohnend ist auch ein Besuch im **Musée Ciotaden** (Quai Ganteaume, Tel. 04 42 71 40 99, www.museeciotaden.org, Juli/Aug. Mi–Mo 16–19 Uhr, Sept.–Juni Mi–Mo 15–18 Uhr), das im ehem. Rathaus eingerichtet wurde. Neben prähistorischen und historischen Funden sowie anschaulichen Zeugnissen bürgerlichen Lebens, der Seefahrt und des Schiffbaus wird stolz darauf hingewiesen, dass La Ciotat eine wichtige Rolle in der Entstehungsgeschichte des Films spielte: Hier lebten zeitweilig die Brüder *Auguste* und *Louis Lumière*, die Erfinder des Kinematografen. Am 28. Dezember 1895 führten sie ihre ›lebenden Bilder‹ erstmals in Paris einem staunenden Publikum vor.

In fast allen historischen Städten der Côte gibt es Kapellen der Schwarzen, Grauen, Weißen oder Blauen Büßer (Pénitents Noirs, Gris, Blancs, Bleus) – Bruderschaften, die vor allem im 17./18. Jh. eine wichtige Rolle im spirituellen und sozialen Leben der Provence spielten. So auch in La Ciotat. Architektonisch besonders reizvoll ist die aus dem 17. Jh. stammende **Chapelle des Pénitents Bleus** (Esplanade du 8 mai 1945, Tel. 04 42 71 43 82), die seit ihrer Restaurierung Ausstellungszwecken (zeitgenössische Kunst) dient. Das Kino **Eden** (Boulevard Clémenceau, Tel. 04 42 04 72 62), gleich nebenan, gilt als ältestes Lichtspielhaus der Welt.

Einsam auf den Felsen erhebt sich die Kapelle **Notre-Dame-de-la-Garde** (Tel. 04 42 71 43 82), von wo man einen wundervollen Ausblick genießt. Am besten erreicht man die Kirche mit dem Auto. Anschließend lohnt sich ein Spaziergang durch den benachbarten **Parc Mugel** (Tel. 04 42 08 07 67, www.atelierbleu.fr, April–Sept. tgl. 8–20 Uhr, Okt.–März tgl. 9–18 Uhr). In der weitläufigen 12 ha großen Anlage des botanischen Parks, der an dem roten Felsen des *Bec de l'Aigle* (Adlerschnabel) angelegt wurde, findet man Palmen, Kakteen und Bambusbäume sowie eine Vielzahl exotischer Pflanzen, die den Besucher gleich am Eingang empfangen.

i Praktische Hinweise

Information

Office de Tourisme,
Boulevard Anatole France, La Ciotat,
Tel. 04 42 08 61 32, Fax 04 42 08 17 88,
www.tourisme-laciotat.com

Hotel

****La Rotonde**, 44, Boulevard de la République, La Ciotat, Tel. 04 42 08 67 50,

Felsen und Meer: Blick vom Cap Canaille auf Cassis

Die weißen Klippen und Fjorde der Calanques bei Cassis

Fax 04 42 08 45 21, http://larotonde.littoralmedia.com. Einfaches, angenehmes Hotel.

Restaurants

La Sardine de Marseille, 18, Rue des Combattants, La Ciotat, Tel. 04 42 08 00 60, www.lasardinedemarseille.com. Sympathisches Restaurant mit Terrasse, Hafenblick. Exzellente und innovative Küche.

Les Flots, 6, Rue Gueymard, La Ciotat, Tel. 04 42 08 24 61. Kleines Restaurant mit einfacher, vorzüglicher Küche (Mo geschl.).

4 Bandol und Sanary-sur-Mer

Sandstrände und berühmte Weinberge.

Auf dem Weg nach Toulon passiert man **Bandol**, ein an einer hübschen Bucht gelegenes und seit dem 19. Jh. sehr beliebtes Seebad. In das benachbarte **Sanary-sur-Mer** holte nach 1933 René Schickele seine verfolgten Gesinnungsgenossen – Bertolt Brecht, Lion Feuchtwanger, die Brüder Mann, Erwin Piscator, Ernst Toller, Franz Werfel und viele andere. So wurde Sanary zum Refugium einer aus Deutschland vertriebenen Elite – allerdings nur bis 1940: Viele, die nicht rechtzeitig in die USA ausgewandert waren, wurden dann von der mit den Nazis kollaborierenden Vichy-Regierung in den berüchtigten Lagern – etwa in Les Milles bei Aix-en-Provence – interniert. Einigen (den Feuchtwangers, den Werfels, Heinrich und Golo Mann) gelang von dort die abenteuerliche Flucht über die Pyrenäen. Die 1944, vor der Landung der Alliierten, gesprengte Villa ›La Tranquille‹ der Manns ist wieder aufgebaut worden.

Heute sind Bandol und Sanary-sur-Mer, besonders in der Saison, sehr beliebte Badeorte. Unverändert ist der *Rosé* von Bandol, einer der erfreulichsten Weine der Gegend. Empfehlenswert ist auch ein Besuch des **Jardin exotique et Zoo de Sanary-Bandol** (Tel. 04 94 29 40 38, www.zoosanary.com, sommers Mo–Sa 8–12 und 14–19, So 10–12 und 14–19 Uhr, winters Mo–Sa 8–12 und 14–18, So 14–18 Uhr), der zwischen den beiden Orten liegt und eine Fülle von exotischen Pflanzen und Tieren beherbergt. So kann man hier z. B. verschiedene Papageien- und Affenarten besuchen.

i Praktische Hinweise

Information

Office de Tourisme, Allée Alfred Vivien, Bandol, Tel. 04 94 29 41 35, Fax 04 94 32 50 39, www.bandol.fr

Maison du Tourisme, 1 Quai du Levant, Sanary-sur-Mer, Tel. 04 94 74 01 04, Fax 04 94 74 58 04, www.sanarysurmer.com

Hotels

*****Le Provençal**, Rue des Écoles, Bandol, Tel. 04 94 29 52 11, Fax 04 94 29 67 57, www.hotel-provencal.fr. Anspruchsvolles, angenehmes Hotel.

****De la Tour**, Port de Sanary, Sanary-sur-Mer, Tel. 04 94 74 10 10, Fax 04 94 74 69 49, www.sanary-hoteldelatour.com. Durch die Emigranten berühmt gewordenes Hotel mit schöner Aussicht und Garten. Restaurant mit Fischspezialitäten.

Restaurant

Auberge du Port, 9, Allée Jean Moulin, Bandol, Tel. 04 94 29 42 63, www.auberge-du-port.com. Zentral gelegenes Restaurant mit Garten und Blick auf den Hafen.

5 Six-Fours-les-Plages

Berge, Küste und uralte Heiligtümer.

Die Halbinsel des **Cap Sicié** ist eine bedeutende Fundstätte der Ur- und Frühgeschichte. Die dichte Besiedlung zur Zeit der Megalithkulturen geht wohl auf die Erzvorkommen zurück, die hier noch von den Griechen und Römern ausgebeutet wurden. In **Six-Fours-les-Plages** führt eine Straße hinauf zur ehem. Stiftskirche **St-Pierre** (Montée du Fort, Tel. 04 94 34 24 75), einer hoch auf dem Felsrücken errichteten eindrucksvollen romanischen Kirche (11. Jh.), die im 17. Jh. mit einem quer dazu angefügten postgotischen Bau erweitert wurde. Sie birgt ein kostbares *Polyptychon* von Louis Bréa, dem Hauptmeister der italienisch beeinflussten ›Schule von Nizza‹ (1520). 1967 wurde ein *Baptisterium* ausgegraben, das ins 5. oder 6. Jh. datiert wird und somit andeutet, dass wir es hier an wahrhaft exponierter Stelle mit einem uralten, sicher in vorchristliche Zeit zurückweisenden Bergheiligtum zu tun haben. Vom Berg aus hat man eine großartige Aussicht sowohl auf die Bucht von Sanary als auch auf Toulon.

Nicht ganz leicht zu finden ist die kleine **Chapelle de Pépiole** (N 559 ein Stück

Der Hafen von Sanary-sur-Mer

Louis Bréa (um 1443–1520), ›Schutzmantelmadonna‹ aus der Pfarrkirche in Biot

Die Schule von Nizza

Hauptvertreter der Schule von Nizza, einer lokalen, in ihrer Ausstrahlung auf Ligurien beschränkten Malerschule des 15./16. Jh., war **Louis Bréa** (oder Ludovico Bréa, um 1443 in Nizza geboren). Sein Bruder Antoine und dessen Sohn François arbeiteten ebenfalls als Maler, erreichten aber nicht die Qualität und Sensibilität von Louis' Bildern. Louis Bréa brachte es als viel beschäftigter Künstler zu Einfluss und Wohlstand. Dennoch blieb sein Schaffen außerhalb der großen Strömungen und Neuerungen, die damals von Kunstzentren wie Venedig oder Florenz ausgingen. Seine **Altarwerke** sind – der oberitalienischen Tradition entsprechend – in mehrere über- und nebeneinander liegende Felder aufgeteilt, die dargestellten Figuren bleiben weitgehend statisch und strömen ruhige, gesammelte Andacht aus. Das Nachwirken der Gotik ist unübersehbar, wenngleich in Ornamentik, Anatomie und Perspektive die Neuerungen der Renaissance durchaus aufgegriffen werden.

Louis Bréa starb 1520, seine wichtigsten Werke befinden sich u. a. in Nizza (›Pietà‹ in Cimiez, 1475) und Antibes (›Rosenkranzmadonna‹, 1515). Zur Schule von Nizza gehören ferner die Künstler Jacopo Durandi (1410–1469), dessen Bruder Cristoforo sowie Jean Miralhet (Mirailieti) und Canavesio.

in Richtung Sanary, Abzweigung D 63 Richtung Toulon, nach ca. 1 km links Chemin de Pépiole in Richtung Les Playes, Tel. 04 94 63 38 29). Das Kirchlein war Priorat von St-Victor in Marseille, seine drei Apsiden sehen aus wie urtümliche Bories (Kuppelbauten aus geschichteten Steinplatten), ein ligurischer Opferstein bezeugt den vorchristlichen Ursprung. Im Inneren zeigt sich, dass etliche Jahrhunderte an diesem Bau gearbeitet wurde: Vom 5./6. bis zum 12. Jh. (Öffnung der Seitenwände, Bögen) reicht das Spektrum der Baugeschichte.

i Praktische Hinweise

Information

Office de Tourisme, Promenade Charles de Gaulle, Six-Fours-les-Plages, Tel. 04 94 07 02 21, Fax 04 94 25 13 36, www.six-fours-les-plages.com

Hotel

****Le Clos des Pins**, 101 bis, Rue de la République, Six-Fours-les-Plages, Tel. 04 94 25 43 68, Fax 04 94 07 63 07, www.hotel-six-fours-var.com. Modernes Hotel mit gutem Restaurant.

6 Toulon

Plan Seite 38

Frankreichs Kriegshafen am Mittelmeer.

Marseille und Toulon (450 000 Einw.) sind, in gewisser Hinsicht, polare Gegensätze: freie, uralte Handels- und Hafenstadt einerseits, militärisch streng Paris und der ›Grande Nation‹ verpflichteter Kriegshafen andererseits. Letzterer hatte bei der Befreiung Frankreichs von den Nationalsozialisten eine strategisch wichtige Bedeutung.

Will man einen Eindruck von dieser lebendigen Stadt gewinnen, so sollte man sie sich zunächst von oben ansehen: Am besten ist dies vom **Mont Faron** aus möglich, von dem man einen schönen Ausblick auf Toulon und seinen Hafen hat. Auf der Bergspitze wurde mit dem **Mémorial du Débarquement** (Tel. 04 94 88 08 09, tgl. 10–12 und 14–16.30 Uhr) ein Denkmal eingerichtet, das an die *Landung der Alliierten* erinnert, die hier 1944 stattfand und den Ausgangspunkt der Befreiung Südfrankreichs bildete. Man erreicht das Denkmal mit einer Seilbahn (Tel. 04 94 92 68 25, www.telepherique-faron.com) von der Rue Perrichi aus. Östlich von ihm liegt der **Zoo du Mont Faron** (Tel. 04 94 88 07 89, Mai–Sept. tgl 10–18.30 Uhr, Okt.–April Mo–Sa 14–17.30, So 10–17.30 Uhr), der eine erfolgreiche Raubkatzenzucht betreibt.

Als Ausgangspunkt für einen Rundgang durch Toulon bietet sich im Norden der Altstadt der **Bahnhof** 1 an. Folgt man dem Boulevard Pierre Toësca und Boulevard de Tesse nach Osten und biegt bei der Avenue Colbert nach rechts ab, so gelangt man zum Boulevard de Strasbourg, der die regelmäßig angelegte Neustadt von der kleinteilig-winkligen Altstadt trennt. Die Place Victor-Hugo wird beherrscht von der historischen Fassade des **Theaters** 2, weiter südlich erinnert die intime **Place Puget** 3 mit ihrem Delfinbrunnen (1779–82 von Chastel) an den genialen Bildhauer und Architekten Pierre Puget [s. S. 25], der freilich auch in Toulon wieder einmal den Kürzeren zog: Seine Beziehungen zu dem in Ungnade gefallenen Finanzminister Fouquet waren wohl die Ursache dafür, dass seine 1657 gefertigten, aufwendigen Pläne zur Neugestaltung der durch einen Großbrand verwüsteten Altstadt nicht ausgeführt wurden.

Immerhin ist ein bedeutendes Werk von seiner Hand in Toulon erhalten – es befindet sich am Hafen: 1645 war der bei Bernini ausgebildete, 25-jährige Puget aus Italien zurückgekehrt, 1656 erhielt er den Auftrag, die Skulpturen für das neue Rathaus am Quai zu fertigen. Das Rathaus

Die Place Victor-Hugo mit dem Theater im Hintergrund lädt zum Verweilen ein

wurde bei der Rückeroberung Toulons durch die Alliierten 1944 mit fast der gesamten umgebenden Bebauung des 17. Jh. zerstört, doch blieb zum Glück Pugets berühmtes **Atlantenportal** 4 erhalten. Es ziert jetzt den nach dem Krieg an gleicher Stelle errichteten schlichten Bau, der zunächst das Schifffahrtsmuseum (s. u.) beherbergte und heute als Informations- und Ausstellungsgebäude dient. Erstaunlich, was Puget aus dem an sich geläufigen Motiv am Atlantenportal gemacht hat: Gespannte Kraft und übermenschliche Anstrengung, individuelle Erfassung von Typus und Psyche geben diesen Gestalten, die ganz offensichtlich von Michelangelos Sklaven beeinflusst sind, eine unmittelbar anrührende Intensität. Schon die Zeitgenossen fühlten sich dabei an Gestalten erinnert, die zu betrachten und zu verspotten eine Hauptattraktion der Toulon-Reisenden des 17. und 18. Jh. war: die erbarmungswürdigen, Tag und Nacht an ihre Ruderbänke geketteten Galeerensklaven der großen Kriegsschiffe. Räuber und Mörder waren ebenso unter ihnen wie denunzierte Unschuldige, unnachgiebige Protestanten oder auch ›Freiwillige‹ und Abenteurer, die den Anwerbern des Königs auf den Leim gegangen waren. Die Atlanten des Puget erregten weithin Aufsehen und ließen in Paris auch den kunstsinnigen Fouquet aufmerken: Er ließ Puget kommen und beauftragte ihn mit der Ausführung von Skulpturen für sein Schloss Vaux-le-Vicomte. Den Auftrag zur Neugestaltung der Altstadt von Toulon aber erhielt *Vauban*, der große Festungsbaumeister Ludwigs XIV., der auch die Hafenanlagen erweiterte und modernisierte und ein besonderer Günstling des Finanzministers Colbert war.

Das interssante **Musée de la Marine** 5 (Place Monsenergue, Quai de Norfolk, Tel. 04 94 02 02 01, www.musee-marine.fr, Ju-

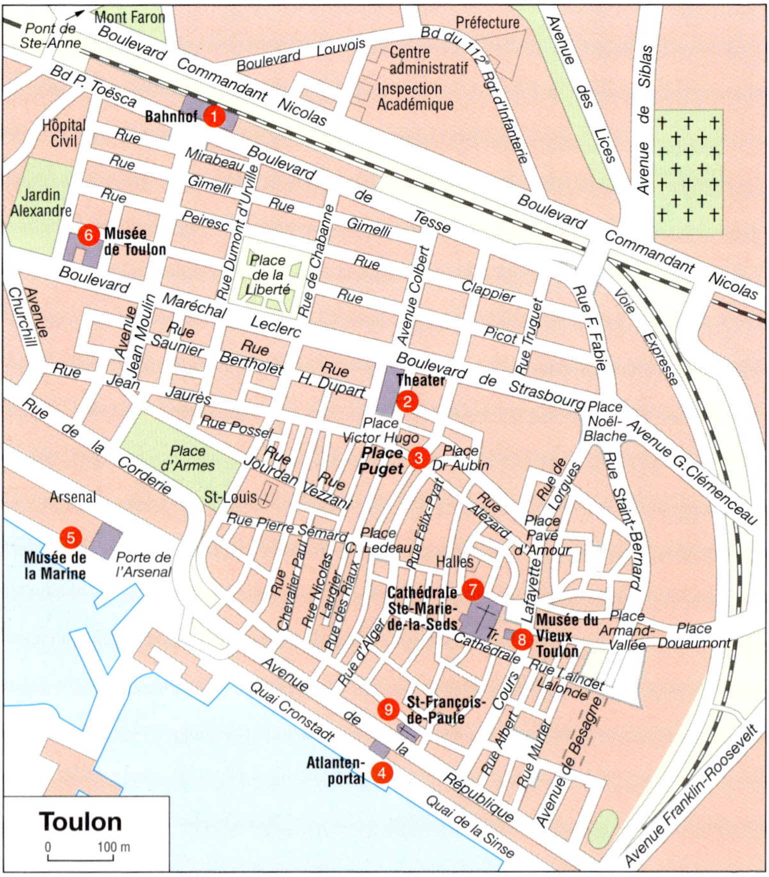

Die prachtvolle Fontaine de la Fédération (1889) steht auf der Place de la Liberté

li/Aug. tgl. 10–18 Uhr, Sept.–Juni Mi–Mo 10–18 Uhr) befindet sich in den Räumen des historischen *Arsenals*, Resten des von Heinrich IV. 1595 angelegten Geländes. Das Museum informiert anhand von Schiffsmodellen anschaulich über die Geschichte der Schifffahrt im Mittelmeerraum und zeigt die Entwicklung des **Hafens** von Toulon. Seine Geschichte beginnt 1404. Damals nahm ihn Ludwig von Anjou zum Ausgangspunkt seines Versuchs, Neapel zurückzugewinnen. Der Hafen war zunächst klein und unbedeutend. Einen gewissen Namen hatte Toulon allenfalls als Zentrum der *Purpurherstellung* aufgrund der hier massenhaft vorkommenden, sonst eher seltenen Purpurschnecken. Rund 10 000 solcher Murex-Schnecken waren vonnöten, um ein einziges Gramm des kostbaren Farbstoffs herzustellen. Schon in der Spätantike wurde hier Purpur produziert – die ältesten Hinweise datieren aus dem 5. Jh. Damals hieß Toulon noch ›Telo Martius‹: Beide Namen beziehen sich auf den Kriegsgott – im einen Fall auf seine ligurische (Telo), im anderen auf seine lateinische (Mars) Bezeichnung. Die Geschichte der Stadt als einer militärischen scheint also vorherbestimmt – bis hin zu jenem Ereignis, mit dem nicht nur eine historische Weiche gestellt wurde, sondern auch die glanzvolle Karriere eines bis dahin unbekannten jungen Mannes aus Korsika begann: Im Frühjahr 1793 gelang den Republikanern die Rückeroberung von Toulon von den Royalisten und Alliierten nur aufgrund der strategischen Erkenntnisse und Vorschläge des damals erst 24-jährigen Artilleriehauptmanns *Buonaparte* (so schrieb sich der spätere Kaiser Napoleon damals noch): Die Festung L'Éguillette, von der aus die Engländer den Hafen kontrollierten, wurde eingenommen, und Buonaparte nach diesem Erfolg zum General befördert.

Zurück zur Geschichte des Hafens. Nachdem die Provence 1481 in französischen Besitz geraten war, ließen die Könige Toulon sukzessive zur militärischen Basis am Mittelmeer ausbauen, nicht zuletzt deswegen, weil das gegen seine Abhängigkeit rebellierende Marseille für diesen Zweck zu unsicher schien.

Nicht weit vom Arsenal, außerhalb des eigentlichen Altstadtbereichs am Boulevard Maréchal Leclerc befindet sich das **Musée d'Art de Toulon** 6 (113, Boulevard Maréchal Leclerc, Tel. 04 94 36 81 01, Di–So 12–18 Uhr) widmet sich ganz der Kunst und zeigt Gemälde des 16./17. Jh., provenzalische Künstler des 19. Jh. aber auch zeitgenössische französische Kunst. Im selben Gebäude ist auch das **Muséum d'Histoire naturelle** (113, Boulevard Maréchal Leclerc, Tel. 04 94 36 81 10, www.museum-toulon.org, Mo–Fr 8–18, Sa/So 11–18 Uhr) untergebracht, das die regionalen Tiere und Mineralien vorstellt. Auch der Paläontologie ist ein Bereich gewidmet.

Mitten in der Altstadt liegt, ziemlich versteckt und zugebaut, die **Cathédrale Ste-Marie-de-la-Seds** 7. Sie geht noch auf spätromanische Zeit zurück, ist jedoch im Wesentlichen (Fassade und Ausstattung) durch das 17. Jh. geprägt. In der Nachbarschaft, am Cours Lafayette, befindet sich das **Musée du Vieux Toulon** 8 (69, Cours Lafayette, Tel. 04 94 92 29 23, Mo–Sa 14–18 Uhr), das Dokumente zur Geschichte der Stadt zeigt. Das Viertel zwischen der Kathedrale und der in Hafennähe gelegenen kleinen Kirche **St-François-de-Paule** 9 mit einer elegant geschwungenen, aber unvollendete Fassade von 1744 ist eines der schönsten und buntesten von Toulon: Hier findet jeden Morgen ein belebter, auf mehrere Straßenzüge ausgedehnter *Markt* statt.

Praktische Hinweise

Information

Office de Tourisme, 334, Avenue de la République, Le Port, Toulon, Tel. 04 94 18 53 00, Fax 04 94 18 53 09, www.toulontourisme.com

Hotels

*****New Hotel Tour Blanche**, Boulevard Amiral Vence, Toulon, Tel. 04 94 24 41 57, Fax 04 94 22 42 25, www.new-hotel.com. Angenehmes Hotel, etwas außerhalb am Mont Faron über der Stadt gelegen. Pool und Terrasse mit Panorama (bis Ende 2008 geschl.).

****Au Nouvel Hôtel**, 224, Boulevard de Tessé, Toulon, Tel. 04 94 89 04 22, Fax 04 94 92 13 06, www.aunouvelhotel83.com. Nettes Hotel in Bahnhofsnähe.

Restaurants

Au Sourd, 10, Rue Molière, Toulon, Tel. 04 94 92 28 52. Das älteste Restaurant der Stadt. Spezialität: Meeresfrüchte (So und Mo geschl.).

L'Arbre Rouge, 25, Rue de la Comédie, Toulon, Tel. 04 94 92 28 58. Kleines Lokal mit köstlicher Küche (So geschl.).

Üppiges Angebot: Der Markt in Toulon erstreckt sich über mehrere Straßenzüge

Das Massif des Maures – Buchten, Schluchten und tiefe Wälder

Der Kontrast könnte kaum größer sein: An den Traumstränden der Côte tobt das Leben, aus malerischen Fischerdörfchen sind längst mondäne, in aller Welt bekannte Badeorte geworden. Doch wer Ruhe und Einsamkeit sucht, kann diese noch immer im **Hinterland** der Küste finden, in den dunklen, waldreichen Bergen des ›Massif des Maures‹. Es gehört, ebenso wie das östlich anschließende Massif d'Esterel, mit seinen bis zu 800 m aufragenden Kuppen zu den ältesten **Gebirgen** der Erde. Allerdings bedarf es intensiver Bemühungen, die immer wieder auftretenden, oft durch Leichtsinn, manchmal auch als Folge gezielter Spekulationen verursachten Waldbrände zu verhindern. Vorwiegend Kiefern, Pinien, Stechpalmen, Korkeichen und Esskastanien wachsen hier. Die beiden letztgenannten Bäume tragen auch heute noch wesentlich zum Lebensunterhalt der Bevölkerung bei: Die Herstellung von Flaschenkorken und ›Marrons glacés‹ ist rund um Hyères nach wie vor verbreitet. Eine Fahrt durch die einsamen, dunklen Wälder des **Massif des Maures** mit seinen Pässen und Aussichtspunkten ist ein besonderes Erlebnis.

7 Hyères und Îles d'Hyères

Ältestes Seebad der französischen Riviera.

Die Geschichte der Entdeckung der Côte als – zunächst winterliches – Ferienparadies begann in Hyères. Engländer waren es, die Ende des 18. Jh. von diesem Ort und seinem Strand **Hyères-Plage** begeistert waren und von ihm aus die Küste erkundeten. Das Panorama ist in der Tat überwältigend: Von den Höhen des 1620 auf Befehl Kardinal Richelieus niedergelegten **Château de St-Bernard** blickt man auf die Bucht von Toulon und auch Îles d'Or genannten Îles d'Hyères hinunter, im Osten ragen die Höhen des sanft ansteigenden Massif des Maures auf.

TOP TIPP

Massiv und Inseln waren ursprünglich Teile eines einzigen Blocks, des sog. *Tyrrhenischen Schildes*. Dieser ragte vor rund 500 Millionen Jahren als Kontinent aus einem gewaltigen Meer heraus, das damals weite Strecken des späteren Europa überflutete. Im Laufe der Jahrmillionen wurde er weitgehend abgetragen, aus den Sedimenten und Schalen der Meerestiere aber entstanden neue Gebirge, die im Tertiär durch gewaltige Erdbewegungen emporgehoben wurden. Vor rund zwei Millionen Jahren wurden bei der ›Herzynischen Faltung‹ die Inseln vom Festland abgetrennt. Die unterschiedliche Beschaffenheit der alten kristallinen Gebirge und der steilen, hellen Kalkklippen der westlich anschließenden Küste wird sofort augenfällig. **Farbige Gesteine** – roter Porphyr, grüner Serpentin, grauer Gneis – bestimmen das Bild; schon die Römer haben sie hier in Steinbrüchen abgebaut und das kostbare Baumaterial weithin verschifft. Der veränderten mineralischen Zusammensetzung entspricht auch ein Wechsel in der Vegetation: Von den dichten, dunklen Wäldern war bereits die Rede, die dem Massif des Maures (prov. maouro = dunkel) seinen Namen gegeben haben. Allerdings hat der Name auch mit den Mauren zu tun, den Sarazenen, denn die dunkelhäutigen Seeräuber suchten jahrhundertelang plündernd und mordend die Küsten des Mittelmeers heim.

Hyères selbst entstand im Mittelalter und war ein bevorzugter Ausgangshafen der *Jerusalempilger*. 1254 ging hier, bei seiner Rückkehr vom 7. Kreuzzug, Ludwig der Heilige an Land. Nach der Angliederung der Provence an Frankreich wurde die Stadt Sitz eines Seneschalls, heute ist sie ein Geheimtipp für alle, die die Côte lieben, aber dem Massentourismus entkommen wollen. Denn überlaufen ist die Küste hier selbst im Sommer selten, und nachdem der Wintertourismus des vorigen Jahrhunderts aus der Mode gekommen ist, leben die Bewohner vorwiegend von den natürlichen Schätzen der Region: Sie gewinnen Salz und bauen Frühgemüse an, exportieren Obst, Wein und Blumen, Palmen und andere subtropische Gewächse, die hier in faszinierender Üppigkeit gedeihen. Denn das Klima ist mild, das Meer wirkt als Wärmespeicher und mindert das Temperaturgefälle. Frost gibt es praktisch nie, und die Berge halten die widrigen Winde ab.

Wie in den meisten Orten der Côte besteht das **Stadtbild** aus zwei stark kontrastierenden Teilen: der engen, verwinkelten *Altstadt* und dem mondänen, heute etwas verstaubt wirkenden Viertel eines verblichenen *Nobeltourismus*, der wenig gemein hatte mit dem demokratischen Sonnen- und Körperkult heutiger Urlauber. In der Altstadt von Hyères ist die wehrhaft aufragende, zweigeschossige **Chapelle St-Blaise** (12. Jh.) sehenswert, der Rest einer ehem. Komturei der Templer. Heute ist sie Ausstellungsraum mit Informationen über die Tempelritter, die es einst übernahmen, die Küste vor den Mauren zu schützen.

Zumindest ihrem Ursprung nach romanisch sind auch die Franziskanerkirche **St-Louis** (schöne einfache Gewölbe) und die im 16. Jh. im ›Style flamboyant‹ (spätgotischer Baustil mit flammenförmiger Ornamentik) erneuerte Pfarrkirche **St-Paul**. Oberhalb der Kirche finden sich die Reste der mehrfach eroberten und zerstörten **Burg** mit einer schönen Aussicht. In der Nähe, im Park St-Bernard, steht die 1924 erbaute **Villa de Noailles**. Hier arbeiteten zeitweilig Alberto Giacometti und Man Ray. Heute ist sie ein Kulturzentrum.

Am Ort einer schon im Mittelalter bezeugten Wallfahrt wurde 1957 die Kirche **Notre-Dame-de-Consolation** (Architekt: R. Vaillant; Skulpturen: Lambert-Rucki; Fenster: Gabriel Loire) erbaut. Die interessante Sammlung von Votivgaben befindet sich jedoch in der Pfarrkirche. Man erreicht die Wallfahrtskirche über die N 559 in Richtung Süden und kommt, folgt man der Straße weiter bis zum Golfe de Giens, schließlich zu den Ruinen

der von den Sarazenen zerstörten kleinen Kirche **St-Pierre-de-l'Amanarre**. Sie gehörte zu einem Benediktinerkonvent; der Name leitet sich von dem Leuchtturm (al-Maner) ab, den die Sarazenen oberhalb der Kapelle erbauten. In der Nähe wurden nicht nur merowingische Gräber entdeckt, sondern auch weiter westlich Reste zweier antiker Städte, die zeitlich – räumlich aber wohl etwas versetzt – aufeinander folgten: Das griechische *Olbia* (›die Glückliche‹) und das römische *Pamponiana*. Die Ausgrabungen begannen bereits 1843, sind jedoch längst noch nicht beendet und lassen für die Zukunft noch einigen Aufschluss erwarten.

TOP TIPP Zu den **Îles d'Hyères** gehören Porquerolles, Port-Cros, Île du Levant und einige kleinere Eilande. Ein wahres Paradies landschaftlicher Schönheit sind diese ›Goldenen Inseln‹. Îles d'Or werden sie seit der Renaissance genannt, vielleicht wegen der goldfarbenen Tönung ihres Gesteins, wahrscheinlicher aber in Anspielung auf die ›Glücklichen Inseln‹ des ›Goldenen Zeitalters‹. Die Griechen

nannten sie nüchterner Stoechaden, was eine gereihte Inselgruppe meint.

Ligurische und griechische Funde belegen ihre frühe Besiedlung. Später kamen die Römer und die Mönche von Lérins, die Sarazenen und von Franz I. dort angesiedelte Sträflinge.

Heute sind die Inseln z. T. in Privatbesitz, aber zugänglich bis auf Bereiche, die als militärisches Sperrgebiet nicht betreten werden dürfen. Die *Île du Levant* teilen sich Militärs und Nudisten: Im Osten ist eine Raketenversuchsstation untergebracht, im Westen wurde 1931 eine der ersten Naturistenkolonien Europas etabliert. Sämtliche Inseln sind *Naturschutzgebiet*; Ausgangspunkt für Ausflüge, für die man sich viel Zeit lassen sollte, sind die Küstenorte Hyères, Port Miramar und Le Lavandou.

i Praktische Hinweise

Information

Office de Tourisme, 3, Avenue Ambroise Thomas (Forum du Casino), Hyères, Tel. 04 94 01 84 50, Fax 04 94 01 84 51, www.ot-hyeres.fr

Traumhaftes Badevergnügen verspricht die feinsandige Plage de la Capte an der Ostseite der Presqu'île de Giens, südlich von Hyères

Hotels

******Le Mas du Langoustier**, Île de Porquerolles, ca. 4 km vom Hafen, Tel. 04 94 58 30 09, Fax 04 94 58 36 02, www.langoustier.com. Sehr komfortables Hotel in einem wunderbaren Park in Strandnähe. Anbei ein weithin bekanntes Restaurant der Spitzenklasse (Okt.–April geschl.).

****Du Soleil**, Rue du Rempart, Hyères, Tel. 04 94 65 16 26, Fax 04 94 35 46 00, www.hotel-du-soleil.fr. Zentral im Altstadtbereich gelegenes Hotel mit ruhigen, komfortablen Zimmern.

Restaurant

Les Jardins de Bacchus, 32, Avenue Gambetta, Hyères, Tel. 04 94 65 77 63, www.les-jardins-de-bacchus.com. Sehr gutes Restaurant mit regionalen Spezialitäten, Reservierung empfohlen (Mo geschl.).

8 Collobrières

Lohnendes Ziel für eine Fahrt ins Massif des Maures.

Collobrières ist das Zentrum des *Massif des Maures*, dieser durch ihre Kastanienwälder berühmten Gegend. Der Ort fasziniert durch seine Gässchen und Brunnen und wird überragt von der *Kirchenruine St-Pons*, die ebenso wie die Brücke über den Réal Collobrier (›Schlangenfluss‹) aus dem 11. Jh. stammt. Weitaus ältere *Siedlungsreste* (Ringwälle, Menhire) deuten auf urzeitliche Besiedlung. In der Nähe bietet das Plateau der Wallfahrtskirche **Notre-Dame-des-Anges** eine überwältigende Aussicht. Einen Besuch lohnt auch das in einsamen Höhen gelegene ehem. Karthäuserkloster **Chartreuse de la Verne** (Tel. 04 94 43 45 41, Juni–Aug. Mi–Mo 11–18, Sept.–Dez., Febr.–Mai Mi–Mo 11–17 Uhr, Jan. geschl.), dessen Ruinen aus dem 18. Jh. noch gut die für diesen Orden typische Anlage erkennen lassen: Jedem Mönch stand ein eigenes Häuschen zur Verfügung. Eine alte Bäckerei, eine Ölmühle, Kellergewölbe und einen Kreuzgang kann man besichtigen. Seit kurzem lebt hier wieder eine klösterliche Gemeinschaft, die Bethlehem-Bruderschaft.

i Praktische Hinweise

Information

Office de Tourisme, Boulevard Charles Caminat, Collobrières, Tel. 04 94 48 08 00, Fax 04 94 48 04 10, www.collobrieres.fr

Hotel

***Notre Dame**, 15, Avenue de la Libération, Collobrières, Tel. 04 94 48 07 13, Fax 04 94 48 05 95. Kleines Hotel mit 16 Zimmern und gutem Restaurant. Wildspezialitäten.

Restaurants

TOP TIPP **La Ferme**, Chèvrerie du Peigros, Col de Babaou, ca. 12 km von Collobrières, Tel. 04 94 48 03 83. Einfache, rustikale, aber köstliche Küche. Viele der Zutaten kommen direkt vom Bauernhof. Spezialität des Hauses ist Ziegenkäse. Reservierung erwünscht (Sept.–Juni nur mittags geöffnet, Juli/Aug. mittags und abends geöffnet).

La petite Fontaine, 6, Place de la République, Collobrières, Tel. 04 94 48 00 12. Deftige provenzalische Küche (So abends und Mo geschl.).

9 Brignoles

Einst heimliche Hauptstadt der Provence.

Im 13. Jh. war Brignoles heimliche Hauptstadt der Provence, da die Familie der Anjou hier ihren Sommersitz hatte. Heute ist Brignoles Frankreichs wichtigstes Abbauzentrum für *Bauxit*. Jährlich werden hier zwei Millionen Tonnen dieses Minerals gewonnen, das Ausgangsmaterial der Aluminiumherstellung ist. Der Ort ist ferner bekannt für seine *Marmorsteinbrüche* und die Weinmesse, die alljährlich im April stattfindet, sowie für seine eingelegten Pflaumen. Die ›Prunes de Brignoles‹ kommen heute allerdings aus Digne-les-Bains. Brignoles bietet sich außerdem als Ausgangspunkt für einen Besuch von der Zisterzienserabtei Le Thoronet [Nr. 10] an.

Im ehemaligen Grafenpalast informiert das **Musée du Pays brignolais** (Tel. 04 94 69 45 18, www.museebrignolais.com, April–Sept. Mo–Sa 9–12 und 14.30–18, So 9–12 und 15–18 Uhr, Okt.–März Mo–Sa 10–12 und 14.30–17, So 10–12 und 15–17 Uhr) nicht nur über die erwähnten Erwerbs-

Im Café an der Place Caramy kann man sich herrlich entspannen

zweige, sondern bewahrt auch den berühmten *Sarkophage de Gayole*, dessen Motive den nahtlosen Übergang von der Antike zum Christentum markieren (Sol, Pluto, Guter Hirte). Der Sarkophag, der aus einem heute als Ruine ca. 9 km westlich der Stadt erhaltenen Oratorium stammt, dürfte vor dem Jahr 200 n. Chr. entstanden und aus Italien eingeführt worden sein. Von dem Oratorium stammt auch der ebenfalls im Museum aufgestellte Altartisch aus dem 6. Jh.

Das Museum bewahrt auch Arbeiten der Künstlerfamilie Parrocel (s. u.) und eine eindrucksvolle *Schwarze Madonna*, die als christianisierte heidnische Muttergöttin ausgegeben wird, ganz zweifellos aber erst dem 13. Jh. entstammt. Die *Barque de Lambot*, das Betonboot, erinnert an Joseph Monier (1823–1906), den Erfinder des armierten Betons (›Moniereisen‹).

Die Pfarrkirche **St-Saveur** stammt aus dem 15./16. Jh., bewahrt jedoch ein schönes romanisches Stufenportal vom Vorgängerbau. Sehenswert sind die Sakristeitür aus dem 15. Jh. und der Hochaltar von 1585. Ein eindrucksvolles Bild ist die ›Kreuzabnahme‹ von *Barthélémy Parrocel*, der 1660 in Brignoles starb. Er war der Vater des bedeutenden Schlachtenmalers *Joseph Parrocel* (1646–1704).

Es empfiehlt sich ein vom Office de Tourisme angebotener Stadtrundgang, der auf sinnvolle und überschaubare Weise die hervorragend erhaltene, sich auf ovalem Grundriss konzentrierende Altstadt erschließt.

Ein lohnender Abstecher führt 2–3 km südwestlich von Brignoles zur **Abbaye de la Celle** (Tel. 04 98 05 14 14, www.abbaye-celle.com). In der im 6. Jh. gegründeten *Benediktinerinnenabtei* kann man heute stilvoll speisen und nächtigen.

i Praktische Hinweise

Information

La Provence Verte, Maison du Tourisme, Carrefour de l'Europe, Brignoles, Tel. 04 94 72 04 21, Fax 04 94 72 04 22, www.la-provence-verte.net

Office de Tourisme, Place des Ormeaux, La Celle, Tel. 04 94 59 19 05, Fax 04 94 59 18 17, www.la-celle.fr

10 Le Thoronet

TOP TIPP *Ältestes provenzalisches Zisterzienserkloster.*

Nordöstlich von Brignoles liegt **Le Thoronet** (Tel. 04 94 60 43 90, April–Sept. Mo–Sa 10–18.30, So 10–12 und 14–18.30 Uhr, Okt.–März Mo–Sa 10–13 und 14–17, So 10–12 und 14–17 Uhr), die dritte und älteste der drei heute noch erhaltenen provenzalischen **Zisterzienserabteien**. Ursprünglich gab es elf Niederlassungen dieses Ordens in der Provence. Das ehem. Kloster liegt versteckt in der Einsamkeit der Wälder, wie üblich bei den Gründungen dieses Ordens. Heute befinden sich allerdings Bauxitsteinbrüche in der Nähe.

Initiator der Gründung war *Raymond Bérenger*, Graf von Barcelona und Marquis de Provence, der das Kloster Mazan – seinerseits eine Tochter des Mutterklosters Cîteaux – um die Aussendung von Mönchen für seine neue Niederlassung bat. Sie kamen, ein Abt mit zwölf Gefährten, und ließen sich zunächst am Fluss Forieille nieder (1136). Zehn Jahre später jedoch verlegten sie das Kloster nach Süden, in die Nähe des Dorfes Thoronet. Bérenger überließ den Mönchen das von ihnen gewählte Land, durch weitere Schenkungen kam die Abtei rasch zu Einfluss und Wohlstand.

Der wohl bedeutendste Abt von Le Thoronet, *Folques von Marseille*, durchlief eine erstaunliche Karriere: Er war zunächst erfolgreicher Kaufmann, wurde dann Troubadour, nach 1196 Mönch, 1201 Abt, schließlich Bischof von Toulouse und fanatischer Scharfmacher in den Albigenserkriegen.

Der Niedergang des Klosters bahnte sich schon im Spätmittelalter an. Zu einer ersten Auflösung kam es in den Religionskriegen, die endgültige brachte die Französische Revolution. Die letzten sieben Mönche mussten das Kloster verlassen, das verkauft, doch um die Mitte des 19. Jh. bereits wieder vom Staat zurückerworben und renoviert wurde.

In der erstaunlich kurzen *Bauzeit* von 15 Jahren entstanden ab 1160 Kirche und Klostergebäude. Für die faszinierende Einheit von Form und Funktion, Askese und Perfektion, Bescheidenheit und Unbedingtheit, die in den Klöstern der Zisterzienser wie in keiner anderen Ordensgemeinschaft exemplarisch und kanonisch Gestalt angenommen hat, ist Le Thoronet ein hervorragendes Beispiel.

Verglichen mit den beiden anderen provenzalischen Zisterzienserklöstern (Sénanque und Silvacane) ist Le Thoronet eine Steigerung, ein Nonplusultra an kraftvoller Konzentration. Die Spitztonne des **Hauptschiffs** ruht auf drei Gurtbögen, Kuppel und Obergaden fehlen. Ein kreisrundes Chorfenster und eine Fenstergruppe im Westen genügen, um das Licht zu dosieren. Vierteltonnen über den **Seitenschiffen** übernehmen die Funktion von Strebepfeilern, zusätzliche Strebevorrichtungen entfallen. Die Gurte der Tonnen werden in Vorlagen fortgesetzt, die etwa 3 m über dem Boden von Konsolen abgefangen werden. Darunter befand sich das **Gestühl**: im Schiff für die Konversen (Laienbrüder), im Chor für die Mönche, im rechten Seitenschiff für Laien und Gäste.

Der linke Arm des weit ausladenden **Querschiffs** (man beachte die Anlage der Apsiden: Nur die Hauptapsis wölbt sich nach außen, die jeweils zwei Nebenapsiden dagegen sind in den Rechteckgrundriss einbeschrieben) eröffnet den Zugang zur Sakristei und – über die große Treppe – zum Dormitorium.

Die Pforte im Seitenschiffjoch davor führt in den **Kreuzgang**. Er ist auf geländebedingt unregelmäßigen Viereckgrundriss angelegt und im Dachbereich – vom Dormitorium aus – begehbar. Das achteckige **Brunnenhaus** ist das einzige, das sich in der Provence erhalten hat. Auffällig ist die kunstvolle Gestaltung des **Kapitelsaals**, in dem bereits moderne, aus dem Norden eindringende Bauideen (Kreuzrippengewölbe) Anwendung fanden. Nach 1200 wohl erst wurde das nordwestlich an das Kreuzungsgeviert angefügte Refektorium der Konversen vollendet. Der Speisesaal der Mönche, bei der Brunnenhalle im Norden des Kreuzgangs gelegen, ist nicht mehr erhalten.

11 Draguignan

Geschäftiges Zentrum im provenzalischen Hinterland.

In der bereits voralpin anmutenden Landschaft nördlich von Le Thoronet fand man zahlreiche Gegenstände aus der Bronze- und Eisenzeit. Im geschäftigen Draguignan ist am Ortsende, links der D 955, ein besonders eindrucksvoller **Dolmen** zu bewundern, die – von ihren Entdeckern wieder aufgerichtete – Pierre de la Fée.

Der Kreuzgang von Le Thoronet – im Vordergrund das Brunnenhaus

Draguignan selbst, die geschäftige Hauptstadt des *Départements Var*, leitet ihren Namen von einem Drachen ab, der hier die Pilger auf ihrem Weg nach St-Honorat [Nr. 20] belästigt haben soll. Er wurde vom hl. Hermentaire, dem späteren Bischof von Antibes, getötet. Sehenswert sind der **Uhrturm** über der Altstadt (an der Stelle eines 1660 zerstörten Wehrturms), die breiten **Alleen**, die von Baron *Haussmann* angelegt wurden, und das Volkskundemuseum **Musée des Arts et Traditions Populaires de Moyenne Provence** (15, Rue Joseph Roumanille, Tel. 04 94 47 05 72, Di–Sa 9–12 und 14–18 Uhr). Es befindet sich im ehem. Sommerpalast des Bischofs von Fréjus im Ursulinenkloster (17. Jh.) mit Arbeiten von Rembrandt, Frans Hals und Philippe de Champaigne.

Von den Orten der Umgebung lohnt sich ein Besuch in **Lorgues**, das 13 km süd-

westlich von Draguignan liegt. Lorgues ist ein Zentrum der Olivenproduktion und verfügt über eine schöne Altstadt. In der klassizistischen Stiftskirche steht eine Puget zugeschriebene Marienfigur.

12 km nördlich von Draguignan liegt **Châteaudouble** bei den gleichnamigen *Gorges*. Das hervorragend revitalisierte Bergnest wird von einem Sarazenenturm überragt. Der seltsame Ortsname verweist nur scheinbar auf ein ›Doppelschloss‹: Châteaudouble heißt eigentlich ›castellum diaboli‹ und verdankt somit seinen – euphemistisch verbrämten – Namen der ›teuflischen‹ Lage hoch auf dem Felsen. Von Draguignan aus ist auch der wohl eindrucksvollste Cañon Europas gut zu erreichen, die *Gorges du Verdon* [Nr. 17].

Ein schöner Ausflug führt zur **Chapelle de Roseline de Villeneuve**, etwa 10 km nordwestlich der Autobahnabfahrt Le Muy und von dieser ausgeschildert. 1968 entdeckte Marguerite Maeght das kleine Gotteshaus aus dem 15. Jh. Bei der Renovierung halfen ihre Künstlerfreunde und so birgt die Kapelle heute ein 4 m hohes Mosaikbild einer Legende der Heiligen von Marc Chagall, Glasfenster von Jean Bazaine und Raoul Ubac, sowie ein Chorpult und das Basrelief ›Das Rosenwunder‹ von Diego Giacometti.

i Praktische Hinweise

Information

Office de Tourisme, 2, Avenue Carnot, Draguignan, Tel. 04 98 10 51 05, Fax 04 98 10 51 10, www.dracenie.com

Hotel

****Du Parc**, 21, Boulevard de la Liberté, Draguignan, Tel. 04 98 10 14 50, Fax 04 98 10 14 55. Zentral gelegenes Hotel.

Restaurants

Bruno, Campagne Mariette, 3 km südöstlich von Lorgues auf der Route des Arcs, Tel. 04 94 85 93 93, www.restaurantbruno.com. Wunderschönes Gartenlokal, das neben einer traumhaften Aussicht eine ausgesprochen exquisite Küche bietet. Auch Übernachten kann man hier komfortabel (15. Sept.–15. Juni So abends und Mo geschl.).

Am Hafen von St-Tropez reiht sich ein Café neben das andere

La Tour, Place Beausoleil, Châteaudouble, Tel. 04 94 70 93 08. Einfach ausgestattetes, aber zugleich vorzügliches Restaurant mit regionaltypischen Gerichten. Von der Terrasse bietet sich ein großartiger Ausblick auf die schöne Umgebung (Mi geschl.).

12 St-Tropez

Laufsteg der Jungen, Schönen und Reichen.

Am östlichen Fuß des Massif des Maures liegt die kleine Hafenstadt St-Tropez, die sich in den 1950er-Jahren zu einem Treffpunkt für Künstler und die High Society entwickelt hat. 1956 drehte Roger Vadim in St-Tropez mit Brigitte Bardot den Film ›Et Dieu ... créa la femme‹ (›... und ewig lockt das Weib‹), der die Bardot endgültig zu einem Star machte und die Stadt zu einem begehrten Badeort, der für Freizügigkeit und Verruchtheit stand, obwohl das zu dieser Zeit eigentlich noch gar nicht zutraf.

Bevor die Künstler den Ort und seine Küste entdeckten, lag St-Tropez ziemlich einsam am Ende einer winzigen Straße, in einer Gegend, die jahrhundertelang fast unbewohnt war. Denn die Küste wurde ständig von Seeräubern überfallen, sodass sich die Bewohner schließlich in die unwegsamen Berge zurückzogen.

Später hat sich diese Bewegung umgekehrt: Alles drängte zur Küste, das Bergland dagegen war weitgehend menschenleer. Heute hat man die Bergdörfer mit ihrer ruhigen Lage längst wiederentdeckt. Eines von ihnen, nahe bei St-Tropez, sei als besonders sympathisches Beispiel erwähnt: **Ramatuelle** mit seinen Gässchen, Plätzen und Restaurants. Auch das Grab des Schauspielers *Gérard Philippe* (1922–1959) findet man hier auf dem kleinen Friedhof.

Die Vorgeschichte von St-Tropez liegt im Dunkeln. Wahrscheinlich hat es griechisch-römische Ursprünge, der Name jedenfalls soll auf einen Märtyrer namens

Die Bravade von St-Tropez

Wer ein ganz anderes, ursprüngliches und traditionsreiches St-Tropez kennen lernen will, sollte es einrichten, Mitte Mai hier zu sein, wenn das ehemalige Fischerdorf das dreitägige Fest seines kopflosen Namens- und Kirchenpatrons, des hl. Torpes, feiert. Die **Bravade** (bedeutet ursprünglich ›kühne Tat‹) beginnt am 16. Mai mit einem morgendlichen Ständchen vor dem Rathaus. Am Nachmittag zieht unter dem ohrenbetäubenden Lärm zahlloser Gewehrsalven das Corps des Bravadeurs in napoleonischen Uniformen durch die Altstadt. Bürger aus Pisa, wo der Heilige enthauptet worden war, tragen – als Zeichen der Reue – dessen Büste. Die große Bravade folgt aber erst am nächsten Tag, mit einer mehrere Stunden dauernden Prozession zu einer außerhalb des Orts gelegenen Kapelle. Dankgottesdienst und anschließendes Picknick beschließen am dritten Tag das Fest, mit dessen Vorbereitung und prunkvoller Durchführung gut die Hälfte aller Einwohner monatelang beschäftigt ist. Das Corps des Bravadeurs war ursprünglich eine Bürgerwehr; noch heute wird am Ostermontag der Capitaine de la Ville gewählt, der dem Corps vorsteht.

TOP TIPP

Torpes zurückgehen, der unter Kaiser Nero seines Glaubens wegen auf grausame Weise den Tod erlitt. Sein Kopf wird in Pisa verehrt, der Körper soll auf einem führerlosen Schiff an der Küste von St-Tropez gelandet, dort gefunden und begraben worden sein. Seit den Sarazeneneinfällen ist der Leichnam des Heiligen freilich verschollen.

Die **Sarazenen** waren Nachfahren jener Araber, die sich in den ersten Jahrzehnten des 8. Jh. darangemacht hatten, das Abendland zu erobern. Von Karl Martell 732 bei Poitiers vernichtend geschlagen, konzentrierten sie sich fortan auf den Aufbau ihres Reiches in Spanien, das in jener Zeit nicht seinesgleichen an verfeinerter Kultur, geistigem Niveau und liberaler Weite hatte.

Die **Mauren**, die im Bereich der Küste zurückblieben, gerieten dagegen zur Landplage: Zwischen Genua und Marseille war kein Ort vor ihnen sicher. Sie überfielen die Küste, errichteten Festungen und kleine Königreiche, beherrschten die Buchten und Strände. Ihr wichtigster Stützpunkt war Grand Fraxinet, das heutige **La Garde-Freinet** oberhalb

Blick auf das einstige Fischerdorf St-Tropez und die gegenüberliegende Küste

von St-Tropez in den Bergen. Dort sind freilich keinerlei Spuren mehr zu sehen, die auf jene Zeit zurückweisen.

Erst unter Wilhelm I., der als Graf der Provence zu einem regelrechten Kreuzzug gegen die Araber aufrief, wendete sich das Blatt und im Jahr 973 wurde Grand Fraxinet erobert. Die Sarazenen wurden zwar weder ausgerottet noch vertrieben – immerhin machten sie damals längst das Gros der Küstenbevölkerung aus –, aber zu Sklavendiensten gezwungen. Aus ihren Festungen vertrieben, widmeten sie sich fortan wieder verstärkt dem ›Piraten-Handwerk‹. Erst 1830, nach der Eroberung Algiers durch König Karl X., hatte die **Seeräuberplage** schließlich ein Ende.

St-Tropez war mehrmals dem Erdboden gleichgemacht worden, zuletzt allerdings nicht durch die Mauren, sondern Ende des 14. Jh. im Krieg zwischen Anjou und Durazzo. Hundert Jahre später, 1470, beauftragte Jean Cossa, der Seneschall der Provence, den genuesischen Edelmann *Raffaele Garezzio*, Ort und Hafen wieder aufzubauen. Zahlreiche **Genueser** ließen sich in der Stadt nieder, König René gewährte ihnen Steuernachlass und Privilegien. Auf diese Weise erhielt St-Tropez so etwas wie einen Autonomiestatus innerhalb des provenzalischen und später französischen Staates. Es waren die **Maler**, die dann rund 400 Jahre später die Küste, ihr strahlendes Licht und ihre leuchtenden Farben neu entdeckten [s. S. 52].

In bemerkenswerter Dichte und Authentizität gibt das kleine **Musée de l'Annonciade** (Tel. 04 94 17 84 10, Juli–Sept. tgl. 10–12 und 15–19 Uhr, Okt.–Juni Mi–Mo 10–12 und 14–18 Uhr) an der Place Grammont Einblick in die faszinierende Kunst der Pointillisten und Fauvisten, deren Stilentwicklung hier intensiver als anderswo nachempfunden werden kann. Die hervorragende, repräsentative Kollektion ist in einer profanierten Kapelle am westlichen Ende des Hafens untergebracht – dank *Georges Grammont*, einem Fabrikanten aus Lyon, der Unterseekabel herstellte und als Freund und Gönner die

Pierre Bonnard, ›Akt vor dem Kamin‹ (›Nu devant la cheminée‹), 1919, Musée de l'Annonciade, St-Tropez

St-Tropez und die Maler

1892 landete der begeisterte Segler **Paul Signac** mit seiner Jacht ›Olympia‹ in St-Tropez. Er war auf der Suche nach seiner Herkunft, denn er hatte erfahren, dass einer seiner Vorfahren 1590 Stadthauptmann besagter kleiner Seerepublik gewesen war. Der Ort und seine Lage faszinierten ihn, und er ließ sich in St-Tropez nieder. Freunde und Kollegen folgten ihm, und so wurde die kleine Stadt am Meer bald zum Treffpunkt einer neuen Künstlergeneration. Ihre Vorgänger, etwa Cézanne, hatten sich für die Küste kaum interessiert, erst ein verändertes Kunstwollen schuf die Voraussetzungen für diese landschaftliche Neuentdeckung.

Kaum ein wichtiger Name aus der Liste prominenter Bahnbrecher der neuen Malerei fehlt: Bonnard und Braque, Camoin und Cross, Derain, Dufy, Manguin, Marquet, Matisse, Seurat, Vlaminck und Vuillard – Vertreter einer Kunst, der es nicht mehr um das Abbild, sondern um das Bild ging, die aus der von den Impressionisten befreiten Farbe ein autonomes, im **Pointillismus** quasi wissenschaftlich systematisiertes, im **Fauvismus** emotional enthemmtes, expressiv aufgeladenes Gestaltungsmittel machten.

André Derain, ›Spiel der Sonne auf dem Wasser‹ (›Effets de soleil sur l'eau‹), 1905, Musée de l'Annonciade, St-Tropez

Künstlerkolonie engagiert unterstützte. Grammont ließ die 1568 erbaute Kapelle von seinem Architekten *Louis Sue* zum Museum umbauen und machte den Maler *Dunoyer de Segonzac* zum Konservator. 1956 vermachte dieser seine Sammlung der Stadt.

1961 entwendeten offensichtlich fachkundige Diebe 65 der wertvollsten Bilder aus dem damals noch schlecht gesicherten Museum. Glücklicherweise wurden alle bereits ein Jahr später wieder gefunden.

Nach den Malern kamen – zwischen den beiden großen Kriegen – die Schriftsteller und Bohemiens, die Existentialisten und Schauspieler. *Colette*, die mit Segonzac befreundet war, schrieb: »Es sind nun bald vierzehn Jahre, als ich hier arglos zum ersten Male in St-Tropez haltmachte. Sie sehen, ich bin immer noch hier, und zwischen Meer und Wald, von Pampelonne bis Salins, bewege ich mich kaum, höchstens um zwischen Spazierengehen oder Baden, zwischen Rosé oder Weißwein, zwischen langem Tag oder kurzer Nacht zu wählen. Hier blättern die Sorgen ab. Hier herrscht ein Blau, welches das der Träume ist, das aber an der provenzialischen Küste alle Wirklichkeit badet.« (zitiert nach Rolf Legler).

In den erbitterten Kämpfen zwischen deutschen Besatzern und Alliierten wurde gegen Ende des Zweiten Weltkriegs der malerische Hafen von St-Tropez völlig zerstört, später aber originalgetreu wieder aufgebaut.

Und so kam es zu einer weiteren Welle prominenter Neusiedler: 1950 ließ sich die Diva der späten 1950er- und der 1960er-Jahre, *Brigitte Bardot*, mit ihrem Ehemann *Roger Vadim* in St-Tropez nieder. Dem Idol folgten Freunde und Kollegen, aber auch Verehrer, Fans und Lebenskünstler aller Art. Audrey Hepburn, Françoise Sagan, der Maler Bernard Buffet, Jane Fonda, Charles Aznavour – dies sind lediglich einige wenige Namen aus dem ›Who's who‹ der Côte d'Azur, die in den ›Golden Fifties‹ in St-Tropez aufleuchteten.

Nicht versäumen sollte man einen Besuch der **Citadelle** (Tel. 04 94 97 59 43, April–Sept. tgl. 10–18.30 Uhr, Okt.–März tgl. 10–12.30 und 13.30–17.30 Uhr) aus dem 16./17. Jh. Von ihren Mauern bietet sich eine großartige *Sicht* auf die Altstadt, die Pfarrkirche (18. Jh.), den Golf und die das Panorama rahmenden Gebirge.

Auf Ausflügen entlang der Küste gibt es viele schöne *Strände* zu entdecken. Berühmt sind *Pampelonne* und *Tahiti Plage*, die allerdings zur Gemeinde Ramatuelle gehören. Reizvoll sind auch die Dörfer der Umgebung und ein Besuch in *Port-Grimaud*, einer 1966 als Lagunenstadt von François Spoerri konzipierten Anlage.

i Praktische Hinweise

Information

Office de Tourisme, Quai Jean-Jaurès, St-Tropez, Tel. 04 94 97 45 21, Fax 04 94 97 82 66, www.ot-saint-tropez.com

Hotels

******La Bastide de St-Tropez**, Route des Carles, St-Tropez, Tel. 04 94 55 82 55, Fax 04 94 97 21 71, www.bastide-saint-tropez.com. Elegantes kleines Haus mit Garten und Pool. Mit dem Gourmetrestaurant L'Olivier (s. u.).

******Le Baou**, Avenue Gustave Etienne, Ramatuelle, südlich von St-Tropez, Tel. 04 98 12 94 20, Fax 04 98 12 94 21, www.hotels-restaurants-st-tropez.com. Komfortables Hotel mit herrlichem Ausblick auf die Altstadt und das Meer (Nov.–April geschl.).

******Résidence de la Pinède**, 1 km außerhalb am Strand Plage de la Bouillabaisse (Richtung St-Raphaël), Tel. 04 94 55 91 00, Fax 04 94 97 73 64, www.residencepinede.com. Elegantes Nobelhotel direkt am Strand mit ausgezeichnetem Restaurant (Okt.–April geschl.).

****Lou Cagnard**, 18, Avenue Paul Roussel, St-Tropez, Tel. 04 94 97 04 24, Fax 04 94 97 09 44, www.hotel-lou-cagnard.com. Provenzalisches Landhaus mit hübschem Garten.

Camping

Les Tournels, Route de Camarat, Ramatuelle, Tel. 04 94 55 90 90, Fax 04 94 55 90 99, www.tournels.com.

Restaurants

Le Club 55, Plage de Pampelonne, Boulevard Patch, Ramatuelle, Tel. 04 94 55 55 55. Klassiker unter den Restaurants von St-Tropez. Hier wurde schon das Filmteam von ›...und ewig lockt das Weib‹ verköstigt.

L'Olivier, Route des Carles, St-Tropez, Tel. 04 94 55 82 55. Ausgezeichnetes Gourmetrestaurant mit Spezialitäten der Mittelmeerküche.

13 Fréjus

Römische Hafen- und mittelalterliche Bischofsstadt mit Arena, Baptisterium und Kathedrale.

Jahrhundertelang führte nur eine einzige Straße von Italien zum Rhônetal, die *Via Aurelia*, die heutige N7. Die Küste war unwegsam, das Gebirge voll von Wegelagerern, Schmugglern und entflohenen Sträflingen. Erst 1903 wurde, hart entlang der Felswand, eine neue, traumhaft schöne Straße angelegt, die *Corniche d'Or*. In Fréjus, einem von alters her wichtigen Verkehrsknotenpunkt, vereinigt sie sich mit der Via Aurelia.

Das ehem. Fischerdorf **St-Raphaël** hat längst das westlich anschließende Fréjus überflügelt. Sein Entdecker war der Romancier und Vielschreiber *Alphonse Karr* (1808–1890), der sich 1851 aus seinem verhassten Paris nach Nizza zurückzog, jedoch nach einigen Jahren, als ihm auch Nizza zu groß, zu laut und zu hektisch geworden war, noch einmal floh und sich in St-Raphaël niederließ. Seine Freunde – Dumas d. Ä., Gounod, Berlioz, Maupassant – folgten ihm. Was daraus wurde, ist leider nicht zu übersehen: Die Freude an der Schönheit dieser Landschaft wird heute beeinträchtigt durch die Zersiedelung der Küste. Doch nur wenig landeinwärts entschädigt das alte Fréjus.

Geschichte Die **Römer** gründeten Fréjus wahrscheinlich unmittelbar nach der Eroberung von Marseille und nannten es ›Forum Iulii‹. Veteranen der 8. Legion wurden angesiedelt, eine Stadtmauer gebaut, ein Hafen angelegt. Der Ort blühte auf, bekam im 4. Jh. einen Bischof, wurde im 10. Jh. von den **Sarazenen** zerstört, im 11. Jh. aber und nochmals im 16. Jh. neu befestigt, dazwischen im 14. Jh. von der Pest entvölkert. Aufstieg also und Niedergang im ständigen Wechsel, bis dann im 18. Jh. die Würfel endgültig fielen: Der hoffnungslos verschlammte Hafen musste aufgegeben werden. An Katastrophen hat es freilich auch im 20. Jh. nicht gefehlt: Große Teile der Stadt wurden 1959 verwüstet, als der **Staudamm von Malpasset** den Fluten des Reyan zum Opfer fiel. 400 Menschen kamen dabei ums Leben.

Zu Beginn des Ersten Weltkriegs war Fréjus ein wichtiger Stützpunkt für die Kolonialtruppen. An sie erinnern eine vietnamesische Pagode und eine suda-

◁ *Am Strand von Les Issambres in der Nähe von Fréjus*

ne, aber sehenswerte **Musée Archéologique** (Place Calvini, Tel. 04 94 52 15 78, Mai–Okt. Di–So 9–12.30 und 14–18 Uhr, Nov.–April Di–So 9–12.30 und 14–17 Uhr) in der Salle de Vieux Fréjus im Kathedralbereich, in unmittelbarer Nähe des Kreuzgangs. Seine Glanzlichter sind ein 1921 entdecktes römisches Fußbodenmosaik und eine 1970 gefundene marmorne Doppelbüste ›Hermes und Faun‹.

Wichtigster mittelalterlicher Bau ist die um 1200 an der Stelle einer Vorgängerkirche errichtete **Cathédrale St-Léonce** (48, Rue du Cardinal Fleury, Tel. 04 94 51 26 30, http://cathedrale-frejus.monuments-nationaux.fr, Juni–Sept. tgl. 9–18.30 Uhr, Okt.–Mai Di–So 9–12 und 14–17 Uhr). Sie wurde einschiffig mit kreuzrippengewölbtem Schiff und turmbekröntem Narthex (Vorhalle) konzipiert. *Portal* und geschnitzte *Türflügel* (Szenen aus dem Marienleben, Petrus und Paulus; Stifter) stammen aus dem 16. Jh. Zum Narthex steigt man einige Stufen hinunter, auf das Niveau des Vorgängerbaus.

nesische Moschee, ein Denkmal und ein Truppenmuseum (erreichbar über die N 7 Richtung Nizza bzw. die D 4 Richtung Fayence).

Besichtigung Wesentlich größer als das mittelalterliche Fréjus war die antike **Römerstadt**. Von ihr sind Teile der turmbewehrten Stadtmauer und ihrer Tore erhalten, zwei größere Gebäudekomplexe nördlich und seitlich des ehemaligen Hafens, außerdem die Fundamente des Theaters. Wenn hiervon auch nur noch Reste erhalten sind, so lassen diese doch die Ausmaße der alten Stadt erkennen. Anschaulicher noch und besser erhalten blieben die Ruinen des **Amphithéâtre** (Rue Henri Vadon, Tel. 04 94 51 34 31, Mai–Okt. Di–So 9–12.30 und 14–18 Uhr, Nov.–April Di–So 9–12.30 und 14–17 Uhr). Imposant sind auch die Reste des Aquädukts, der die Stadt über 30 km hinweg mit dem Quellwasser der Siagne versorgte, die bei dem reizvollen Bergdorf Mons weiter nördlich entspringt. Der Verlauf des *Aquädukts* ist in der Landschaft noch gut zu verfolgen.

Aufschluss über die Bedeutung der antiken Hafenstadt und den Stand ihrer archäologischen Erforschung gibt das klei-

In der Altstadt von Fréjus (Rue Deaugiers)

Fréjus, Baptisterium (5. Jh.) – in der Mitte blieben Reste des Taufbrunnens erhalten

Das kostbarste Kleinod der Kirche ist das im Westen dem hohen, steilen Narthex vorgelagerte **Baptisterium** aus dem 5. Jh.: Spoliensäulen (wieder verwendete Reste antiker Bauten) gliedern den quadratischen Raum, dem ein Achteck einbeschrieben ist, und trennen die (je vier) rechteckigen von den halbkreisförmigen Nischen. Man beachte bei deren Bögen die typisch spätrömische Mauertechnik (Lagenwechsel von Haustein und Ziegel). In der Mitte, etwa einen Meter tief, ist der Taufbrunnen, die Piscina, in den Boden eingelassen. Er war möglicherweise einst von einem Ziborium (Baldachin) überwölbt – die Ansatzpunkte der acht Säulen sind jedoch wenig aussagekräftig, da sie auf spätere Rekonstruktionsversuche zurückgehen. Auffallend ist der Höhenunterschied der beiden Türen, die den heutigen Zugang flankieren: Durch die niedrige südliche Tür betrat der Katechumene (Täufling) den Taufraum und verließ ihn dann als Christ durch das größere, auf die Mittelachse der Kirche hin ausgerichtete Portal.

Durch den Vorraum des Baptisteriums gelangt man ins romanische Atrium (12. Jh.), von dort in die Kirche. Dem einschiffigen, typisch provenzalischen Raum (13. Jh.) ist links das Schiff einer zweiten, kleineren Kirche **St-Etienne** angefügt. Das Nebeneinander zweier Gotteshäuser entspricht frühchristlicher Tradition, doch gibt die räumliche Verbindung beider Gebäude noch einige baugeschichtliche Rätsel auf. Die Westteile von St-Etienne (11. Jh.) sind jedenfalls älter als die Kathedrale und unterscheiden sich von deren Architektur durch herbe, kraftvolle Bauglieder.

Von der **Einrichtung** sind vor allem das *Chorgestühl* (1441) hervorzuheben, das *Margarethen-Polyptychon* (1469; über dem Sakristei-Eingang im Schiff der Stephanuskirche) von *Jacopo Durandi* – neben Louis Bréa der Hauptvertreter der Schule von Nizza – und das *Tafelbild* der ›Himmelfahrt‹ (1551), das dank der dargestellten Fréjus-Kulisse eine Vorstellung vom einstigen Aussehen des befestigten Bischofspalastes vermittelt. Reste dieser im 14. Jh. entstandenen Anlage sind noch erhalten. Es lohnt sich, die *Bischofsstadt* (›Le groupe épiscopal‹) zu Fuß zu umrunden. Im 19. Jh. wurde im Bischofspalais das Rathaus untergebracht. Unbedingt besuchenswert ist auch der zweigeschossige **Kreuzgang** der Kathedrale mit seinen schlanken Doppelsäulenarkaden (13. Jh.) und der recht ungewöhnlich bemalten Holzdecke, die im 14. Jh. anstelle der Gewölbe angebracht wurde.

i Praktische Hinweise

Information

Office Municipal de Tourisme, Rue Jean Jaurès, Fréjus, Tel. 04 94 51 83 83, Fax 04 94 51 00 26, www.frejus.fr

Fahrt in die Berge – auf den Spuren Napoleons

Die Route Napoléon führt durch das bergige Hinterland der Côte, neuerdings gern Alpes d'Azur genannt. Die Fahrt in die Berge ist ebenso reich an eindrucksvollen Naturschönheiten wie an historischen Reminiszenzen. Sie gipfelt im Erlebnis von Europas großartigster Schlucht, dem ›Grand Canyon‹ der **Gorges du Verdon**. Man erreicht diese tiefen Einschnitte in das Kalkgestein der Seealpen entweder von Norden (Sisteron, Digne-les-Bains, Castellane), von Osten (Cannes, Grasse) oder vom Westen über das Tal der Durance. Aus dem Süden kommt man von Marseille oder Aix über St-Maximin, von Toulon über Brignoles oder von Fréjus über Draguignan. Alle diese Wege führen in die **Haute Provence**, deren vielfältige Schönheiten freilich hier allenfalls andeutungsweise behandelt werden können.

14 Sisteron

Das Tor zwischen Dauphiné und Provence.

Sisteron liegt in einem tief in die Felsen eingeschnittenen Engpass des Durance-Tales in strategisch ausgesprochen exponierter Position. Der Ort wird von einer mächtigen Festung dominiert, die im August 1944 bombardiert und schwer beschädigt wurde. Sie enthält mittelalterliche Reste und bietet einen unvergleichlichen Blick über Bergwelt, Tal und Dächer.

Ein Straßentunnel, den man 1957 durch den Felsen gebaut hat, ließ zum Glück die verwinkelte, pittoreske Altstadt mit ihren Bögen und Treppengässchen (›andrônes‹) unversehrt. Römische Reste fand man 1949 bei den Restaurierungsarbeiten, sie können im kleinen **Musée du Vieux Sisteron** (14, Avenue des Arcades, Juli/Aug. Di–Sa 9–12 und 14–18 Uhr) besichtigt werden. Einen Besuch wert ist auch die ehem. Kathedrale **Notre-Dame-des-Pommiers**, ein typischer Bau der provenzalischen Romanik (12. Jh.) mit skulptierten Kapitellen und Gemälden von Mignard, van Loo und Coypel.

Folgt man der Durance nach Süden, so stößt man bei dem Dorf **Les Mées** auf die imposante *Felsengruppe* Les Pénitents de Mées, die ›Büßer‹. Der Legende nach handelt es sich um Mönche, die der Versuchung durch schöne nackte Mädchen nicht widerstehen konnten und daher in Stein verwandelt wurden ...

Praktische Hinweise

Information

Office de Tourisme, Hôtel de Ville, Place de la Mairie, Sisteron, Tel. 04 92 61 36 50, Fax 04 92 61 19 57, www.sisteron.com

Hotel

***Grand Hôtel du Cours**, Place de l'Église, Sisteron, Tel. 04 92 61 04 51, Fax 04 92 61 41 73, www.hotel-lecours.com. Nobles Hotel alten Stils mit Restaurant (Nov.–März geschl.).

Restaurant

Becs Fins, 16, Rue Saunerie, Sisteron, Tel. 04 92 61 12 04. Traditionsreiches Restaurant mit guter, preiswerter Küche (Di abends und Mo geschl. außer Juli/Aug.).

15 Digne-les-Bains

Viel besuchter, lebhafter Badeort.

Digne-les-Bains ist aufgrund seiner heißen Quellen ein beliebter Badeort. Die frühere Kathedrale **Notre-Dame-du-Bourg** stammt aus dem 13./14. Jh. An ihr wirkte als Kanoniker der Physiker und

Markant gefalteter Kalkfelsen: Der Rocher de la Baume überragt die Altstadt von Sisteron

Mathematiker *Pierre Gassendi* (1592–1655), dessen Naturphilosophie zu den Grundlagen des modernen Weltbilds zählt. Wahrzeichen der Stadt ist die **Grande Fontaine** von 1829. Am Ortsrand (Richtung Nizza) liegt das Haus der 1868 in Paris geborenen, 1969 hochbetagt in Digne verstorbenen Tibetologin *Alexandra David-Néel*, die zu einer Zeit unkonventionelle Forschungsreisen durchführte, als dies – zumal für eine Frau – noch keineswegs möglich zu sein schien. In dem *Centre Culturel* (27, Avenue Maréchal Juin, Tel. 04 92 31 32 38, www.alexandra-david-neel.org, 2 Std.-Führung tgl. 10, 14, 17.30 Uhr) kann man ihre Sammlungen und Erinnerungsstücke besichtigen.

i Praktische Hinweise

Information

Office de Tourisme, Rond Point du 11 Novembre, Digne-les-Bains, Tel. 04 92 36 62 62, Fax 04 92 32 27 24, www.ot-dignelesbains.fr

Hotels

******Le Grand Paris**, 19, Boulevard Thiers, Digne-les-Bains, Tel. 04 92 31 11 15, Fax 04 92 32 32 82, www.hotel-grand-paris.com. Sehr komfortables Hotel mit ausgezeichnetem Restaurant in einem ehem. Kloster (Dez.–März geschl.).

16 Castellane

An der Route Napoléon gelegener Ausgangspunkt für Touren in die Verdon-Schlucht.

Castellane bietet sich als Standquartier für Wanderungen, Kajak- und Klettertouren im Bereich der Gorges du Verdon an, die hinter dem Ort beginnen. Das Stadtbild wird bestimmt durch den *Roc*, einen gigantischen Kalkfelsen, auf dessen Höhe die kleine Kapelle **Notre-Dame-du-Roc** thront. Von dort aus hat man eine hinreißende *Aussicht* über das Tal des Verdon. Der Wanderweg, der zur Kapelle hinauf führt, beginnt im Ort hinter der zentralen Pfarrkirche. Nordwestlich von dieser verdient die romanische Kirche **St-Victor** Beachtung. Mönche des gleichnamigen Mutterklosters in Marseille erbauten das Gotteshaus gegen Ende des 12. Jh., später erfuhr es mehrere Anbauten und Umgestaltungen. Später kamen Kassettendecke und Wandverkleidung hinzu, die jeweils aus der Renaissance stammen.

i Praktische Hinweise

Information

Office de Tourisme, Rue Nationale, Castellane, Tel. 04 92 83 61 14, Fax 04 92 83 76 89, www.castellane.org

Hotels

***Nouvel Hôtel du Commerce**, Place de l'Église, Castellane, Tel. 04 92 83 61 00, Fax 04 92 83 72 82, www.hotel-fradet.com. Zentral gelegenes Hotel mit gutem Restaurant (Nov.–Febr. geschl.).

Ma petite Auberge, Avenue F.-Mistral, Castellane, Tel. 04 92 83 62 06, Fax 04 92 83 68 49, www.mapetiteauberge.com. Preiswertes Hotel mit Restaurant und Garten (Dez./Jan. geschl.).

Camping

Domaine du Verdon, Domaine du Verdon, Castellane (2 km südwestl. über D952), Tel. 04 92 83 61 29, Fax 04 92 83 69 37, www.camp-du-verdon.com (Okt.–April geschl.).

17 Gorges du Verdon

TOP TIPP *Der ›Grand Canyon‹ Europas. Ein tiefer Blick in die Erdgeschichte.*

Bis zu 700 m tief hat sich der Fluss in den uralten Kalkstein eingegraben – einst war hier ein Meer, Fossilien verweisen auf 100 Millionen Jahre alte Lebewesen. Der gigantische, nahezu senkrecht in den Fels geschnittene **Graben** erstreckt sich über eine Strecke von 21 km von Rougon bis zum Lac de Ste-Croix; am Grund ist er oft nur wenige Meter breit. Das Gefälle des Flusses, der seinen Wasserstand häufig unberechenbar rasch ändert – nicht nur aus natürlichen Gründen, sondern auch wegen des großen Stausees, der vier Departements mit Wasser versorgt – beträgt 450 m, die umgebenden Berge erreichen Höhen von bis zu 2000 m.

Das Land ist nur dünn besiedelt, der Boden karg, Lavendel und Thymian bestimmen die Berglandschaft. Wanderungen in der Schlucht sind ausgesprochen reizvoll, jedoch nicht völlig ungefährlich. Man informiere sich gewissenhaft – die Touristenzentren in Rougon, La Palud und Aiguines geben genaue Auskunft und halten Karten und Informationsmaterial bereit – über Autofahrten und Wanderungen, Klettertouren und Kajakfahrten.

Der Hydrograf und Geologe E. A. Martel erforschte 1905 als erster den Cañon. Mehr als hundertmal soll er bei der Erkundung mit seinem Kanu gekentert sein. Später hat der Touring-Club de

Die Route Napoléon

Einige der in diesem Kapitel erwähnten Orte liegen an der Route Napoléon, die sich auch unabhängig von einem Besuch der Verdon-Schlucht für eine Fahrt in die Berge vorzüglich eignet. Die historische Strecke ist weitgehend mit der heutigen N 85 identisch.

Napoleon kam gleichsam ›durch die Hintertür‹, als er am 1. März 1815 aus **Elba** zurückkehrte. Ihm lag daran, die Konfrontation mit der ihm feindlich gesinnten Bevölkerung des Rhônetals zu vermeiden. So ging er denn, nachdem ihm die Bürger von Cannes den Zutritt verweigert hatten, in **Golfe-Juan** zwischen Cannes und Antibes an Land. Das Heer brachte die erste Nacht in den Dünen zu und eine zweite auf dem Hügel, dessen Bezeichnung **Plateau Napoléon** bis auf den heutigen Tag an jene Zeit erinnert. Napoleon vermied es, sich durch unnötige Streitereien unterwegs aufhalten zu lassen. Grasse wurde umgangen, und über Castellane, Digne und Sisteron marschierte der Kaiser nach **Grenoble**, wo man ihn mit dem Ruf »Vive l'Empereur!« begrüßte.

◁ *Mit dem Kajak durch die Verdon-Schlucht: stromabwärts in sechs bis acht Stunden*

Beeindruckend, wie der Verdon sich seinen Weg durch uraltes Felsgestein gebahnt hat

France 20 km *Berg- und Schluchtenpfade* angelegt, einige davon völlig gefahrlos, andere verbunden mit Kletterpartien über Eisenleitern und durch Tunnel, auch mit Abschnitten, die nur schwimmend passiert werden können.

Fürs Erste empfiehlt sich eine **Autorundfahrt**, etwa über die Corniche Sublime des Südufers (D 19/D 71) bis zur Mescla, der Einmündung des Nebenflusses Artuby. Die Straße zweigt dann nach Osten ab, man kann aber von hier über Pont de Soleils in großem Bogen Rougon und das Nordufer mit dem Point Sublime erreichen. Von dort führt die Route de Crêtes (Kammstraße) mit vielen Aussichts- und Haltepunkten, auch Abzweigungen zu Wanderwegen, zum Lac de Ste-Croix zurück und zu dem reizvollen Ort Moustiers-Ste-Marie [Nr. 18].

i Praktische Hinweise

Information

Office de Tourisme, Le Château, La Palud sur Verdon, Tel./Fax 04 92 77 32 02, www.lapaludsurverdon.com

Hotels

****Auberge des Crêtes**, La Palud sur Verdon, Tel. 04 92 77 38 47, Fax 04 92 77 30 40. Einfaches, kleines, aber empfehlenswertes Haus in schöner Lage.

****Auberge du Point Sublime**, Le Point Sublime, Rougon, Tel. 04 92 83 60 35, Fax 04 92 83 74 31. Wunderschön gelegenes Haus mit komfortablen Zimmern, dazu ein Restaurant mit einfacher, guter Küche (Nov.–März geschl.).

Grand Hôtel Bain, Comps-sur-Artuby, Tel. 04 94 76 90 06, Fax 04 94 76 92 24. Nicht so groß, wie der Name vermuten lässt, eher einfach, aber mit guter ländlicher Küche.

Camping

La Farigoulette, Lac de St. Laurent, St-Laurent-du-Verdon (über D 11), Tel. 04 92 74 41 62, Fax 04 92 74 00 86, www.camping-la-farigoulette.com. Angenehm mit Laub- und Nadelbäumen bestandener Platz an einem See, in dem man jedoch nur an ausgewiesenen Stellen baden sollte.

18 Moustiers-Ste-Marie

Zentrum der Fayence-Produktion.

Das Städtchen Moustiers-Ste-Marie liegt in 634 m Höhe an einer Gebirgskette der Alpes de Provence. Es ist bekannt für seine Fayencen. Der Aufschwung der aus der italienischen Stadt Faenza eingeführten Keramik begann, als Ludwig XIV. 1672 im ganzen Land anordnete, zur Sanierung der Staatsfinanzen das Gold- und Silbergeschirr abzuliefern. Das **Musée de la Faïence** (Tel. 04 92 74 61 64, Juli/Aug. tgl. 10–12 und 14–19 Uhr, April–Juni, Sept./Okt. Mi–Mo 10–12 und 14–18 Uhr, Nov./Dez., Febr./März Sa/So 14–17 Uhr) zeigt gute Beispiele kunstvoll gestalteter Fayencen aus dem 17. und 18. Jh.

Bemerkenswert sind ferner die romanisch-gotische Pfarrkirche **Notre-Dame** und die gleichaltrige Kapelle **Notre-Dame-de-Beauvoir**, von der man einen wunderbaren Blick über den Ort und das Tal hat. Auch die geschnitzte Renaissancetür der Kapelle ist sehenswert. Wahrzeichen von Moustiers aber ist die 227 m lange **Eisenkette** mit einem goldenen Stern, die hoch über dem Ort zwischen zwei Felsen angebracht wurde: Sie dient als Erinnerung an die Silberkette, die einst ein Ritter zum Dank für seine Rückkehr aus langer arabischer Gefangenschaft gestiftet hatte.

Moustiers-Ste-Marie liegt in dem nördlichen Teil des 180 000 ha großen **Parc naturel régional du Verdon** (www verdon.fr), der 1997 eingerichtet wurde. Durch den Park führen zahlreiche Wanderwege. Unweit der Stadt lädt zudem der 1973 künstlich angelegte **Lac de Sainte-Croix** mit seinem türkisfarbenen Wasser zum Baden ein.

i Praktische Hinweise

Information

Office de Tourisme, Place de l'Église, Moustiers-Ste-Marie, Tel. 04 92 74 67 84, Fax 04 92 74 60 65, www.moustiers.eu

Hotels

***__Le Colombier__, Quartier St-Michel, Moustiers-Ste-Marie, Tel. 04 92 74 66 02, Fax 04 92 74 66 70, www.le-colombier.com. Schön gelegenes Hotel mit Swimmingpool (Mitte Nov.–Mitte März geschl.).

**__Le Belvédère__, Rue Orville, Moustiers-Ste-Marie, Tel. 04 92 74 66 04, Fax 04 92 74 62 31. Hotel mit schöner Aussichtsterrasse (Mitte Dez./Jan. geschl.).

Restaurant

Les Santons, Place de l'Église, Moustiers-Ste-Marie, Tel. 04 92 74 66 48. Kleines Restaurant der Spitzenklasse, vorbestellen (Mo abends und Di geschl.).

Camping

Le Vieux Colombier, am südl. Ortsrand, Moustiers-Ste-Marie, Tel. 04 92 74 61 89 (Okt.–März geschl.).

Schon im 5. Jh. siedelten Mönche in dem Gebirgsstädtchen Moustiers-Ste-Marie

Vom Esterel zu den Alpes Maritimes – Jetset, Trubel und viel Kunst

Sonnenanbeter und Künstler, Stars und Intellektuelle, Fürsten, Millionäre und solche, die es werden wollen, geben sich zwischen Cannes und Nizza ein buntes Stelldichein. Hier kulminieren landschaftliche Schönheit und künstlerische Aktivität. Mit über 70 000 Einwohnern ist Cannes die Metropole dieser Urlaubsregion. Zahlreiche künstlich aufgeschüttete Strände laden zum Baden und Sonnenbaden ein. Es gibt allein 3000 Liegeplätze für Jachten und mittlerweile mehr als 10 000 Hotelzimmer. Den kulturellen Höhepunkt des Jahres bilden im Mai die Filmfestspiele in Cannes, auf denen die Goldene Palme verliehen wird.

19 Cannes

Filmstadt und Inbegriff alles Mondänen.

Über die Windungen der Küstenstraße, der Corniche de l'Esterel, gelangt man nach Cannes, das traumhaft schön zwischen dem **Golfe de la Napoule** und dem Golfe Juan liegt. Keimzelle des Ortes war das Fischerdorf *Portus Canis*, möglicherweise so benannt nach dem Schilf (Cannae), das rundum reichlich gedeiht. Die Anhöhe über dem Hafen, **La Castre** oder Mont Chevalier (auch: Le Suquet), war schon in ligurischer Zeit befestigt.

Blick auf den Palmen bestandenen Strand von Cannes mit seinen bunten Sonnenschirmen

Die Römer nutzten den Platz (als militärischen Stützpunkt: Castrum Marsellinum) ebenso wie die Mönche der vorgelagerten Inseln. Heute gibt es an diesem Ort freilich nur noch einige Mauerreste und den mittelalterlichen Wachtturm, die **Tour de Suquet** (14. Jh.) zu sehen, außerdem die *Wallfahrtskirche* **Notre-Dame-de-l'Espérance** aus dem 17. Jh. und das **Musée de la Castre** (Tel. 04 93 38 55 26, Juli/Aug. tgl. 10–19 Uhr, April–Juni, Sept. Di–So 10–13 und 14–18 Uhr, Okt.–März Di–So 10–13 und 14–17 Uhr). Es beherbergt zwei bedeutende Sammlungen, die der holländische Baron Lycklama 1873 der Stadt überließ: Die eine umfasst Altertümer des östlichen Mittelmeerraums, die zweite archäologische und völkerkundliche Kostbarkeiten aus Ägypten, Persien, Indien, China, Polynesien und dem präkolumbischen Lateinamerika.

Die ›Entdeckung‹ von Cannes geht auf den vormaligen britischen Schatzkanzler *Lord Brougham* zurück, der 1834 mit seiner kränkelnden Tochter zur Kur nach dem damals noch sardischen Nizza unterwegs war. Da in Frankreich gerade die Cholera ausgebrochen war, ließ man die beiden nicht über die Grenze. Sie quartierten sich im einzigen Hotel des Ortes ein und waren begeistert. Der Lord baute sich eine Villa, der Ruf von der Schönheit der Gegend verbreitete sich rasch und zog Gleichgesinnte hierher, vor allem wohlhabende Aristokraten.

Die Veränderung vollzog sich rapide: Ein Jachthafen (1840) wurde gebaut, 1860 fand hier die erste große Segelregatta statt, 1863 nahm die Erschließung der Region mit dem – damals nicht unumstrittenen – Bau der Eisenbahn ihren Fortgang. Die Strecke von Genua bis Fréjus gehört auch heute noch zu den landschaftlich reizvollsten Bahnstrecken Europas. 1870 gab es in Cannes bereits 35 Hotels und 200 Villen – es war zum bevorzugten Winterkurort des europäischen Hochadels geworden.

Noch immer ist der Kontrast außerordentlich, der zwischen der am Hang von Le Suquet eng verschachtelten, typisch ligurischen **Altstadt** und der mondänen Neustadt besteht, die sich entlang dem Golfe de la Napoule erstreckt. Zwischen dem Hügel und der Landzunge mit dem 1982 erbauten **Palais des Festivals** befindet sich, gleichsam als Stadtmitte, der **Hafen** von Cannes. Vom Palais aus, das verschiedensten Kongressen und Veranstaltungen als Veranstaltungsort

Glanz und Glamour – die Filmfestspiele

Zwölf Tage lang im Mai kulminiert jedes Jahr auf der **Croisette**, der mondänen Strandpromenade von Cannes, jener glamouröse Jetset-Zirkus, der diese Stadt ohnehin ständig in Atem hält. Dann nämlich trifft sich hier alles, was in der Filmwelt Rang und Namen hat oder sich einen solchen verschaffen möchte zum internationalen **Festival de Cannes** (www.festival-cannes.fr).

Im Wettbewerb werden jeweils rund 300 Filme gezeigt und bewertet, harte Arbeit für die aus aller Welt angereisten Juroren. Doch der Verdacht, dass es bei solchem Rummel weniger um Kunst geht als ums Geschäft, ist nicht von der Hand zu weisen. Schließlich ist die begehrte **Goldene Palme** bares Geld wert. Der Preis wird im 1982 erbauten **Palais des Festivals** verliehen, einem unübersehbaren Betonklotz, der im Volksmund treffend ›der Bunker‹ genannt wird.

Anfänglich in zweijährigem Rhythmus geplant, ab 1950 dann alljährlich durchgeführt, hatten die Festspiele von Cannes gegenüber der italienischen Konkurrenz, den Filmfestspielen von Venedig, lange keinen leichten Stand. Sie waren 1939 als Gegenveranstaltung zur damals ganz unter faschistischem Einfluss stehenden venezianischen Veranstaltung ins Leben gerufen worden. Doch dann kam der Krieg, und erst 1946 wagte man einen neuen Anlauf. In den 1950er-Jahren gewann das Festival de Cannes endlich internationale Bedeutung – dank der Beteiligung von Gina Lollobrigida, Sophia Loren, Gary Cooper, Cary Grant, Orson Welles, Brigitte Bardot und anderen Weltstars. Auch deutsche Filme waren in Cannes erfolgreich: 1979 gewann Volker Schlöndorf mit der Verfilmung von Günter Grass' Roman ›Die Blechtrommel‹ die Goldene Palme. Er musste sie sich allerdings mit Francis Ford Coppolas Meisterwerk ›Apocalypse Now‹ teilen. 1984 gelang es Wim Wenders mit seinem Film ›Paris, Texas‹, den Wettbewerb von Cannes zu gewinnen.

dient, insbesondere natürlich den seit 1946 alljährlich im Mai stattfindenden Filmfestspielen, führt der **Boulevard de la Croisette**, Cannes' unvergleichliche, palmenbestandene Strandpromenade, zur **Halbinsel La Croisette**, jenseits derer die Bucht St-Juan beginnt. Hier, im nobelsten Villenviertel der Stadt, ließ sich 1955 *Pablo Picasso* nieder, nachdem er 1933 Cannes zunächst fluchtartig wieder verlassen hatte: Er scheute den Trubel, der seit seinem ersten Aufenthalt 1927 mächtig zugenommen hatte. Im Winter 1929 hatte Picasso übrigens in den Pariser Werkstätten der Brüder Gonzales eine Reihe von Eisenskulpturen geschaffen, die zur Aufstellung auf dem Boulevard de la Croisette vorgesehen waren. Leider kam es dazu dann nicht.

Vom alten Hafen aus sind es nur wenige Minuten Fahrt in eine andere Welt. Die Schiffe zu den nahen Îles de Lérins [Nr. 20] verkehren mehrmals täglich.

In **Le Cannet**, das heute ein Stadtteil von Cannes ist, wohnte *Auguste Renoir*, (1841–1919) bevor er sich 1903 in Haut-de-Cagnes [s. S. 86] niederließ. Hier starb 1947 *Pierre Bonnard* (geb. 1867), der bedeutende impressionistische Maler und Gründer der Künstlergruppe Nabis, die dem Symbolismus zugerechnet wird, nachdem er jahrzehntelang still und zurückgezogen in Le Cannet gelebt hatte. Er gehört nicht zu den ›Top Ten‹ der klassischen Moderne, und doch ist es keinem wie ihm gelungen, die Ernte des Impressionismus einzubringen und dessen revolutionäre Gedanken einerseits mit der Tradition, andererseits mit den Ideen einer jüngeren Generation (Nabis, Jugendstil) zu versöhnen.

i Praktische Hinweise

Information

Office de Tourisme, Palais des Festivals, La Croisette, Cannes, Tel. 04 92 99 84 22, Fax 04 92 99 84 23, www.cannes.fr

Hotels

*****Renoir**, 7, Rue Edith Cavell, Cannes, Tel. 04 92 99 62 62, Fax 04 92 99 62 82, www.cannes-hotel-renoir.com. Charmantes Boutiquehotel in einem schönen Belle Epoche-Bau, eingerichtet im Stil der 1950er-Jahre mit modernem Komfort.

****Le Florian**, 8, Rue Commandant André, Cannes, Tel. 04 93 39 24 82, Fax 04 92 99 18 30. Zentral gelegenes Hotel (Nov.–Mitte Jan. geschl.).

Chanteclair, 12, Rue Forville, Cannes, Tel./Fax 04 93 39 68 88. Einfaches Hotel in Strandnähe, kein Restaurant.

Restaurants

La Mère Besson, 13, Rue des Frères-Pradignac, Cannes, Tel. 04 93 39 59 24. In dem beliebten Bistro genießen Einheimische wie Touristen mittags und abends gute traditionelle Küche in angenehmer Atmosphäre. Reservierung empfohlen. (So geschl.).

Oben: *Moderne Jachten im Alten Hafen von Cannes*
Unten: *Wahrzeichen von Cannes: Das noble Hotel Carlton liegt an der Croisette direkt am Strand*

La Palme d'Or, 73, La Croisette, Cannes, Tel. 04 92 98 74 14, www.hotel-martinez.com. Gourmettempel im Hotel Martinez mit prachtvoller Aussicht auf den Strand (So/Mo geschl.).

20 Îles de Lérins

Wiege des Mönchtums.

Der Name der Inseln leitet sich ab von *Lero*, einer Göttergestalt der keltoligurischen Oxybier. Lero scheint eine lokale Variante des griechischen Herakles gewesen zu sein. Interessant ist, dass der christliche Heros der Lerinischen Inseln, der *hl. Honoratus*, auffallend ähnliche Taten vollbrachte wie sein heidnisches Vor-

›Vater‹ gestrenger Regeln – der hl. Honoratus

Er stammte aus vornehmer Familie. Sein Vater scheint ein hoher Verwaltungsbeamter gewesen zu sein. Honoratus wurde um 360 in Trier, der damaligen Hauptstadt des weströmischen Reiches, geboren. Nach seinem Entschluss, Christ zu werden, machte er sich mit seinem Lehrer Caprasius und seinem Bruder Venantius nach Syrien und Ägypten auf, um dort, an den Blütestätten des orientalischen Mönchtums, dem Beispiel von Tausenden zu folgen, die als **Asketen** in die Wüste gegangen waren.

Die egozentrische, exzessive Gottvereinigung der orientalischen Eremiten überzeugte jedoch Honoratus nicht. Er kehrte mit seinen Gefährten nach Europa zurück. In **Fréjus** überredete ihn der Bischof Leontius, in der Provence zu bleiben – in Trier hatten sich mittlerweile durch die Einfälle der Germanen die Zustände geändert, während die Provence vergleichsweise ruhig geblieben war.

So zogen sich denn die drei Gefährten in die ›Wüste‹ der unbewohnten **Îles de Lérins** zurück, wohin ihnen jedoch bald Gleichgesinnte folgten. Eine **Regel** musste geschrieben werden, um das gemeinsame Leben zu organisieren. Lange vor Benedikt von Nursia (um 480–547) wurden damit bereits Anfang des 5. Jh. die Grundzüge des abendländischen Mönchtums fixiert: Man lebte zwar einzeln und in verstreut liegenden Behausungen, verbindlich wurden aber damals schon die Prinzipien der Klausur (Abschluss nach außen), einer für alle gültigen Disziplin, des gemeinsamen Gottesdienstes und Gebets sowie der Einführung einer Arbeitspflicht.

bild: So befreite er die Insel, auf der er sich niederließ, von Schlangen und Skorpionen – für den mittelalterlichen Menschen die Inkarnation des Bösen –, ganz ähnlich, wie dies Herakles in Lerna getan hatte. Einige Forscher verweisen denn auch auf die Wortverwandtschaft von Lero und Lerna.

Der hl. Honoratus entdeckte auf der Insel eine Quelle und machte sie so erst bewohnbar. In seiner Biografie konzentriert sich exemplarisch, was für das Wirken der Mönche generell gilt: Sie waren es, die nach dem Niedergang der Antike das Land kultivierten und die Grundlagen dessen schufen, was unter ›christlichem Abendland‹ zu verstehen ist.

Vor den Îles de Lérins hat der Tourismus Halt gemacht. Es gibt Felsen und Sandstrände, Kiefern- und Eukalyptuswälder und sogar einen Süßwassersee, eine reiche Flora und Fauna, aber keine Hotels, keine Autos und keine Ferienhäuser. Die größere der beiden Inseln, die **Île Ste-Marguerite** (3000 m x 900 m), benannt nach einer Schwester des hl. Honoratus, ist unbewohnt und fast völlig bewaldet. Strategische Bedeutung erlangte sie 1635–37 in den spanisch-französischen Auseinandersetzungen. Das **Fort Royal** an der Cannes zugewandten Seite wurde unter Richelieu und später Vauban verstärkt: Es diente lange Zeit als Staatsgefängnis – im 17. Jh. wurde hier der mysteriöse ›Mann mit der eisernen Maske‹, Frankreichs Staatsgefangener Nummer eins, gefangen gehalten. Seine Identität wurde nie geklärt: Manche sind davon überzeugt, es habe sich hier um einen Zwillingsbruder Ludwigs XIV. gehandelt, wie dies der in Aubagne geborene Schriftsteller Marcel Pagnol (1895–1974) in einer ebenso spannenden wie akribischen Abhandlung nachzuweisen versuchte (›Die eiserne Maske‹, 1966). Heute

Zweistöckiger Arkadenhof im Monastère fortifié von St-Honorat

Heute von Zisterziensern aus Sénanque bewohnt: das Kloster auf der Insel St-Honorat

beherbergt die Festung das **Musée de la Mer** (Fort Royal, Île Sainte-Marguerite, Tel. 04 93 38 55 26, Juni–Sept. tgl. 10.30–17.45 Uhr, April–Mai Di–So 10.30–13.15 und 14.15–17.45 Uhr, Okt.–März Di–So 10.30–13.15 und 14.15–16.45 Uhr). Hier kann man die Zelle des Mannes mit der eisernen Maske besichtigen, in der er elf Jahre seines Lebens verbracht hat. Außerdem werden archäologische Unterwasserfunde gezeigt.

Die kleinere **Île St-Honorat** gilt als eine der Wiegen des abendländischen Mönchtums. Hier erbaute Anfang des 5. Jh. der hl. Honoratus die **Abbaye de Lérins** (Tel. 04 92 99 54 00, www.abbayedelerins.com, Mai–Sept. Abfahrt der Schiffe ab Port de Cannes, Quai des Îles tgl. 9, 10, 11, 12, 14, 15, 16.30, 17.30 Uhr, Abfahrt ab Île St-Honorat tgl. 9.30, 10.30, 11.30, 12.30, 14.30, 15.30, 17, 18 Uhr, Okt.–März Abfahrt ab Cannes tgl. 9, 10, 12, 14, 15, 16.30 Uhr, Abfahrt ab Île St-Honorat tgl. 9.30, 10.30, 12.30, 14.30, 15.30, 17 Uhr), die sich zu einem der bedeutendsten und mächtigsten Kloster in Europa entwickeln sollte, einem Zentrum der Wissenschaft, der Religiosität und Kultur. Bischöfe, Missionare und Heilige zogen von hier aus in alle Welt, unter ihnen Cassian, der Gründer von St-Victor in Marseille (gest. 450) und Patrick, der Apostel Irlands. Pilgerscharen kamen von weit her, ein begehrter Ablass wurde allen gewährt, die die Insel besuchten. Im 8. Jh. zählte dieser ›provenzalische Berg Athos‹ fast 8000 Mönche und besaß über hundert Herrschaften und Priorate auf dem Festland – auch Cannes gehörte dem Kloster. Ab 660 wurde im Kloster St-Honorat die Regel des hl. Benedikt eingeführt, nicht ohne Widerstand, seit 1869 leben dort Zisterzienser aus Sénanque.

Von den **historischen Gebäuden**, die in der Revolution zerstört worden waren, ist nicht viel übrig geblieben. Immerhin geht das Mauerwerk des Kreuzgangs noch auf das 7. Jh. zurück, das Gewölbe stammt aus dem 11. Jh., der Kapitelsaal aus dem 13. Jh., die *Kirche* wurde im 19. Jh. im romanischen Stil neu errichtet.

TOP TIPP Ein geräumiger Wach- und Festungsturm, der **Monastère fortifié**, in den man ursprünglich nur mit einer Leiter gelangen konnte, die man anschließend einzog, wurde um 1073 von Abt Adalbert begonnen und im 12./13. Jh. zu einer imponierenden Festung ausgebaut. Er diente – mit seinem kreuzgangartig von Arkaden umgebenen, mehrgeschossigen Innenhof und einer Zisterne – den Mönchen als sichere Zuflucht bei den häufigen Sarazenenüberfällen.

Im Kloster ist ein kleines **Museum** eingerichtet. Von den ehemals sieben auf der Insel befindlichen Kirchen sind heute nur noch vier erhalten: Auf der Nordwestseite erhebt sich der achtseitige Zentralbau **St-Sauveur** (8./11. Jh.), der vielleicht ursprünglich ein Baptisterium war. Am anderen Ende der Insel findet man die **Chapelle de la Trinité** aus derselben Zeit mit Dreikonchenchor und kurzem Langhaus. Die **Chapelle St Caprais** steht im Westen der Insel an der Stelle, an der einst der Mönch St Caprais als Einsiedler gelebt hat. Sie wurde 1993 restauriert. Am Südzipfel zeigt die **Chapelle St Pierre**, die man 1963 restauriert hat, archäologische Funde, darunter mehrere Grabstätten aus dem Mittelalter.

21 Grasse

Die Stadt der Düfte.

Am Kreuzpunkt mehrerer, zum Teil landschaftlich außerordentlich reizvoller Straßen liegt im bergigen Hinterland von Cannes, 333 m hoch, die **Parfum-Stadt Grasse**. Ob sie wirklich, wie der Name vermuten lässt, von Cäsars zeitweiligem Mitstreiter Crassus gegründet wurde, sei dahingestellt. Verlässliche Belege für ihre Existenz gibt es erst seit dem Mittelalter. Wegen seines vorzüglichen Klimas war Grasse, längst bevor die Schönheit der Küste entdeckt wurde, ein beliebter, ärztlich empfohlener Winterkurort. Zu den Prominenten, die sich hier aufhielten, gehörten Napoleons Schwester Paulina Borghese (1807/08) und die englische Königin Viktoria (1891).

Feine Nase gefragt: Rund 400 Essenzen hat der ›Maître-Parfumeur‹ vor sich

Auf dem Weg nach Grasse

Die Strecke von Cannes, flussaufwärts dem Tal der Siagne folgend, führt über zwei uralte ligurische Bergnester, deren Namen mehrfach ins Buch der neueren Kunstgeschichte eingeschrieben sind: Le Cannet [s. S. 64] und Mougins.

In **Mougins** verbrachte Picasso, bis an sein Ende auf der Höhe seiner Schaffenskraft, die letzten Jahre seines Lebens. Zuvor war er von einem Ort zum anderen gezogen, bis er schließlich etwas außerhalb von Mougins, in der Mas Notre-Dame-de-Vie (Mas = ländlicher provenzalischer Haustypus), Ruhe vor dem Rummel fand, der sich in den Küstenorten zunehmend – und mehr und mehr auch um ihn selbst – entwickelte.

Ebenso wie Biot, Vence oder St-Paul ist Mougins ein typisches Beispiel für ein **Village perché**, d. h. ein nach ligurischer Art dicht und eng auf der Höhe eines schwer einnehmbaren Hügels erbautes Gemeinwesen. Dicht türmen sich Straßen und Gassen übereinander, das Ganze, stark befestigt, gipfelt in Burg und Turmanlage. Die Römer zerstörten solche ligurischen Siedlungen und ließen sich in der Ebene nieder. Später, in Zeiten der Bedrohung durch Barbaren und Sarazenen, wurden die alten Bergnester wieder bezogen bzw. neu bebaut. In den Jahren des Tourismusbooms mehr und mehr verlassen, gewinnen sie heute erneut an Attraktivität: Künstler und Touristen nehmen sich der leer stehenden und oft verwahrlosten Häuser an. Mougins ist außerdem ein Paradies für Feinschmecker, hat der kleine Ort doch mehrere ausgezeichnete Restaurants [s. S. 72] aufzuweisen.

Grasse – Mekka der Düfte im bergigen Hinterland von Cannes

Die Stadt der Düfte

Die Route Napoléon [s. S. 57] vereint sich hier mit der Via Aurelia und verbindet so Grasse mit Italien einerseits sowie Lyon und Paris andererseits. Gerade das letztere war für die Stadt von existentieller Wichtigkeit, denn die **wohlriechenden Essenzen**, die man hier aus Tausenden von Tonnen duftender Blüten herstellte, wurden nicht in Grasse, sondern in der Hauptstadt Paris zu den besten und teuersten Parfums der Welt verarbeitet. Wie man das macht, ist spannend nachzulesen in Patrick Süskinds Roman ›Das Parfum – Die Geschichte eines Mörders‹ (1985).

Grasse ist also nicht eigentlich die Stadt der Parfums, sondern die der Essenzen. Die hohen Preise werden verständlich, wenn man bedenkt, dass etwa 1200 Rosenknospen ein Kilo wiegen, jedoch 750 Kilogramm davon gebraucht werden, um ein Kilo Essenz (Neroliöl) herzustellen. Aber es werden keineswegs nur die betörend duftenden Blüten der Côte verwendet, Mimosen, Rosen, Orangen, Jasmin, sondern auch tierische Stoffe wie Ambra, Zibet und Moschus sowie allerlei exotisches Gewürz wie Ingwer, Anis und Sandelholz.

Keineswegs alle Blumen der Riviera landen jedoch in den Töpfen der Destillateure. Denn fast ebenso einträglich wie die Essenzproduktion ist der **Schnittblumenexport**: Zum Landschaftsbild der Küste gehören, bis weit nach Italien hinein, die reflektierenden Glasflächen der Gewächshäuser. Und man sollte mindestens einmal im Januar oder Februar an der Côte d'Azur gewesen sein, wenn die Rosen blühen und ganze Hänge, weite Gebirgszüge, gelb sind vom Blütenzauber der Mimosen.

1956 gab es einen empfindlichen Rückschlag: Ungewöhnlich scharfe Fröste vernichteten große Teile der empfindlichen Mimosen- und Ölbaumkulturen. Zwar wurde wieder aufgeforstet, aber manchen Landbesitzern erschien es, angesichts des langsamen Wachstums beider Baumarten, doch Gewinn bringender, das Gelände als Bauland zu verkaufen.

Interessant ist, dass ursprünglich Reichtum und Bedeutung von Grasse nicht auf der Parfumindustrie beruhten, sondern auf der Herstellung von **Lederwaren**, und interessanter noch, dass das eine mit dem anderen zu tun hat. Als im 16. Jh. am spanischen Hof und bei den Medici parfümierte Handschuhe Mode wurden, entwickelte sich ein neues Gewerbe.

Die Lederherstellung ist Vergangenheit, die Parfumproduktion jedoch geblieben. Sie ist auch heute noch, vielleicht mehr denn je, ein Wirtschaftsfaktor von Rang. Gegenwärtig sind rund 2000 Menschen in Grasse in der Parfumindustrie tätig. Was die Orangenblüten betrifft:

Fragonard – der Meister erotischer Bilder

Jean-Honoré Fragonard (1732–1806) wurde in Grasse als Sohn eines nicht sehr betuchten Parfumherstellers geboren. Nach einer glänzenden Karriere als **französischer Hofmaler** zog er sich wieder in seine Heimatstadt zurück, nachdem er durch die Französische Revolution seine adligen Auftraggeber verloren hatte. In Grasse nahm man ihn ehrenvoll auf und gab ihm auch Aufträge – unter anderem hat er im Treppenhaus der Villa, die nun als Musée Fragonard dient, Grisaillemalereien zu patriotischen Motiven und solchen, die mit der Freimaurerei zu tun haben, ausgeführt. Denn der **Parfumfabrikant Maubert**, ein Cousin und Jugendfreund des Künstlers, der in den 1780er-Jahren die von Madame Rogon erbaute Villa erwarb und neu ausgestalten ließ, war ein engagierter Freimaurer.

Er war es auch, der 1791 die kostbare Bildserie zum Thema ›Fortschreiten der Liebe im Herzen einer jungen Frau‹ erstand, die der große Erotiker 1771 und 1773 im Auftrag der **Madame Du Barry**, der Mätresse Ludwigs XV., gemalt hatte. Die Bilder waren für den Spielsalon im Pavillon von Louveciennes bei Paris bestimmt gewesen, doch hatte die Auftraggeberin es schließlich abgelehnt, sie dort aufzuhängen – vielleicht wegen ihres allzu persönlichen und intimen Charakters. Bei seiner Flucht nach Grasse nahm der Künstler die Bilder mit. Sie hingen bis 1898 in der ›Villa Fragonard‹, dann wurden sie verkauft, allerdings zuvor von dem Lyoner Maler Labrelie geschickt kopiert. Der Betrachter in Grasse muss sich heute also mit Kopien begnügen – die Originale bilden inzwischen eine der Hauptattraktionen der New Yorker Frick Collection.

Trotz dieses Verlustes bietet das Museum anhand zahlreicher anderer bedeutender Originale einen Einblick in das Schaffen dieses nach und neben seinem Lehrer François Boucher (1703–1770) vielleicht bedeutendsten Malers des 18. Jh. in Frankreich.

Manche dürfen sich auch zur Frucht weiterentwickeln. Es gibt in Grasse nämlich eine Marmeladenindustrie.

Viele Orte der Côte sind schön, was ihr landschaftliches Umfeld und auch ihr urbanes Gepräge betrifft, die dichte, skulpturale Fügung und Schachtelung der Häuser und Gassen. Doch in Grasse sind darüber hinaus ein paar Einzelheiten erwähnenswert.

Am westlichen Stadtrand, an der **Cours Cresp**, befindet sich eine riesige Terrasse (mit Parkplatz), von der aus sich ein unvergleichlicher Ausblick auf das Meer eröffnet. Dort lohnt ein Besuch des **Musée International de la Parfumerie** (8, Place du Cours, Tel. 04 97 05 58 00, www.museesdegrasse.com, Juni–Sept. tgl. 10–12.30 und 13.30–18.30 Uhr, Okt., Dez.–Mai Mi–Mo 10–12.30 und 14–17.30 Uhr, Nov. geschl.), das über die Geschichte und die Herstellung von Parfum informiert.

Das nahe liegende **Musée d'Art et d'Histoire de Provence** (2, Rue Mirabeau, Tel. 04 93 36 80 20, www.museesdegrasse.com, Juni–Sept. tgl. 10–12.30 und 13.30–18.30 Uhr, Okt., Dez.–Mai Mi–Mo 10–12.30 und 14–17.30 Uhr, Nov. geschl.) ist in dem 1773 von der Schwester des Grafen Mirabeau erbauten Hôtel de Cabris untergebracht und bietet neben archäologischen Funden vom 3. Jtd. v. Chr. bis zum 15. Jh. n. Chr. eine Gemäldesammlung aus verschiedenen Epochen rund um das

Ein Denkmal für den größten Sohn der Stadt, Jean-Honoré Fragonard

Thema Provence, eine Sammlung provenzalischer Keramiken und Trachten, Möbel aus dem 17. und 18. Jh., eine Glassammlung aus dem 18. und 19. Jh. sowie katholische Reliquien.

Daneben wurde in einer Villa des 17. Jh. für den bedeutendsten Sohn der Stadt, den Maler *Jean-Honoré Fragonard*, das **Villa Musée Jean-Honoré Fragonard** (23, Boulevard Fragonard, Tel. 04 97 05 58 00, www.museesdegrasse.com, Juni–Sept. tgl. 10–12.30 und 13.30–18.30 Uhr, Okt., Dez.–Mai Mi–Mo 10–12.30 und 14–17.30 Uhr, Nov. geschl.) eingerichtet. Es präsentiert Gemälde, Grafiken und Skulpturen des Künstlers.

Der Weg ins Stadtzentrum und zur Kathedrale führt an etlichen schönen Palais vorbei, u. a. am *Hôtel Court de Fontmichel* (18, Rue Amiral de Grasse) aus dem Jahr 1690, mit Bildern, die im Hause Goethes angefertigt worden sein sollen.

Die **Cathédrale Notre-Dame-du-Puy**, erbaut vom Bischof von Antibes, ganz im Süden der Stadt auf felsiger Höhe (Puy), entstand im späten 12. Jh. am Ort einer noch aus dem 10. Jh. stammenden Festung. Von dieser Zeit ist nur der quadratische Turm erhalten geblieben, der heute, ursprünglich doppelt so hoch, einen Teil des angrenzenden Rathauses (ehem. bischöfliches Palais) bildet. Die Kathedrale selbst zeigt noch den Festungscharakter ihres Vorgängerbaus, allerdings ist ihr ursprüngliches Aussehen heute stark verändert durch Umbauten und Erweiterungen des 17./18. Jh. (u. a. neue Choranlage 1689, Krypta und Hauptportal 18. Jh.). Die Fassade variiert mit ihren Arkadenreihen einen oberitalienischen Typus.

Im dreischiffigen, archaisch wirkenden **Innenraum** fallen mächtige Rundpfeiler auf, kräftige Kreuzrippen im Hauptschiff, Kreuzgratgewölbe in den Seitenschiffen. Die Sprache der Architektur ist spartanisch, doch nicht ohne elementare Ausdruckskraft. Auffällig sind die steilen Proportionen. Von der **Ausstattung** sind das *Chorgestühl* beachtenswert (aus der Dominikanerkirche, 18. Jh.), der *Orgelprospekt* (1855) sowie einige wertvolle *Gemälde*: Eine Altartafel im Chor rechts, den hl. Honoratus mit sechs Heiligen darstellend, wird *Louis Bréa* (um 1443–1520) zugeschrieben, dem Hauptmeister der Schule von Nizza [s. S. 36], in der Sakramentskapelle hängt eine ›Fußwaschung‹ von *Fragonard*, ein 1755 in Auftrag gegebenes Jugendwerk des Künstlers, außerdem gibt es im rechten Seitenschiff frühe

Auf der Place aux Aires in Grasse

Arbeiten von *Rubens*. Die beiden Gemälde, ›Dornenkrönung‹ und ›Kreuzigung‹, waren 1602 für die Kirche Santa Croce in Gerusalemme in Rom gemalt, nach ihrer Fertigstellung dort aber abgelehnt worden. Die dazwischen platzierte ›Kreuzauffindung durch die hl. Helena‹ wird *Johan van Noord* zugeschrieben. 1972 wurden diese drei Bilder aus dem Hospital von Grasse in die Kathedrale gebracht und damit einem größeren Publikum zugänglich gemacht.

Nördlich des **Hôtel de Ville**, in dem noch die romanischen Strukturen des alten Bischofspalastes (Giebelskulpturen) erkennbar sind – die ehem. Kapelle ist heute Standesamt –, beginnt die orientalisch anmutende, kühle, laute und lebendige Altstadt, die **Kashbah**, von Grasse mit ihren Märkten und Geschäften, Werkstätten und Bars. Ihr Zentrum ist die **Place aux Aires**, ein lang gestreckter, trapezförmiger Platz mit Arkadengängen, Bäumen und Blumenständen. Die noblen Häuser gehörten den reichen Gerbern, auf den Freiflächen zwischen den Gebäuden wurde damals Getreide gedroschen (Aires = Ähren).

i Praktische Hinweise

Information

Office de Tourisme, 22, Cours Honoré Cresp, Grasse, Tel. 04 93 36 66 66, Fax 04 93 36 86 36, www.grasse.fr

Hotel

****__Bastide Saint Mathieu__, 35, Chemin de Blumenthal. St. Mathieu, Grasse, Tel. 04 97 01 10 00, Fax 04 97 01 10 09, www.bastidestmathieu.com. Luxuriöses Landhaus mit exklusiven Suiten.

***Hôtel des Parfums**, Boulevard Eugène Charabot, Grasse, Tel. 04 92 42 35 35, Fax 04 93 36 35 48, www.hoteldesparfums.com. Komfortables Hotel mit Garten und Schwimmbad. Es bietet einen schönen Ausblick auf die Altstadt.

Restaurants

Brasserie de la Méditerranée, Place de la Mairie, Mougins, Tel. 04 93 90 03 47, www.restaurantlamediterranee.com. Regionale Küche auf der Gartenterrasse.

Café Arnaud, 10, Place de la Foux, Grasse, Tel. 04 93 36 44 88. Zentral gelegenes Restaurant mit vorzüglicher Küche: Es gibt Spezialitäten der Provence (So abends geschl.).

Ferme de Mougins, 10, Avenue St-Basile, bei Mougins, Tel. 04 93 90 03 74. Sympathisches Lokal mit schönem Garten (Sa mittags geschl.).

Feu Follet, Place du Commandant Lamy, Mougins, Tel. 04 93 90 15 78, www.feu-follet.com. Zentral gelegenes Restaurant mit Terrasse.

TOP TIPP **Alain Llorca**, in der Moulin de Mougins, Notre Dame de Vie, 2,5 km südöstlich von Mougins (über die D 3), Tel. 04 93 75 78 24, www.moulindemougins.com. Wunderschönes Restaurant der Spitzenklasse in einer ehem. Ölmühle des 16. Jh. Mit modern gestyltem Luxushotel.

22 Vallauris

Die Rettung der Töpfer und die Friedenskapelle des Pablo Picasso.

Auf dem Weg von Grasse zur Küste sind Abstecher zur Kirchenruine Notre-Dame-du-Brusc (über die D 3, Abzweigung etwa 1 km nach Opio) und zur Bastide Valbonne (auf halbem Weg nach Mougins, ebenfalls an der D 3) zu empfehlen. Wer die oft verstopfte Küstenstraße meiden will, kann von hier aus, über die D 4, auch Biot [Nr. 24] gut erreichen.

Die Kirche **Notre Dame-du-Brusc** wurde im 17. Jh. zerstört. Seit den späten 1950er-Jahren wird sie systematisch erforscht. Ihr Name hängt mit einer heilkräftigen Quelle (provenzalisch Bresc oder Brisc = Sumpf) zusammen, die wohl schon in vorchristlicher Zeit – an verkehrstechnisch exponierter Stelle gelegen – Scharen von Pilgern angezogen hat. Man entdeckte eine vorchristliche Nekropole, und auch das siebeneckige Brunnenbecken im Narthex (Vorhalle) lässt ein frühchristliches Pilgerzentrum mit Taufkapelle vermuten. Die noch vorhandenen Reste der ziemlich großen Kirchen stammen aus dem 11. Jh. und stellen somit eines der wenigen Beispiele des ›premier art roman‹ (Frühromanik) in der Provence dar. Neuere Hypothesen vermuten, dass Notre-Dame-du-Brusc eine Etappenstation auf dem Pilgerweg nach Santiago de Compostela war.

Die **Bastide Valbonne**, Anfang des 16. Jh. vom Bischof von Grasse und Kommendarabt von Lérins, Augustin von Grimaldi, nach regelmäßigem Plan angelegt, ist das in seltener Reinheit erhaltene Beispiel einer urbanen Neugründung des ausgehenden Mittelalters (›Bastide‹). Um einen zentralen Platz gruppieren sich einheitlich gestaltete Häuser mit breiten Erdgeschossarkaden, die Kirche stammt aus dem 13. Jh., sie war also schon vorhanden, bevor der Ort gegründet wurde. Ursprünglich gehörte sie zu einer Niederlassung des mit den Zisterziensern verwandten ›Ordens von Chalais‹, in ihrer Formensprache erinnert sie an Le Thoronet [Nr. 10].

Auch **Vallauris** wurde von Augustin von Grimaldi neu besiedelt, und zwar mit

Picassos ›Mann mit dem Schaf‹ auf der Place Isnard in Vallauris

›Krieg und Frieden‹ – Picassos eindrucksvolle Malereien in der Vorhalle einer romanischen Kapelle in Vallauris

70 italienischen Töpferfamilien. Vorausgegangen war eine wechselhafte, katastrophenreiche Geschichte: Um 150 vertrieben die Römer die Bewohner des uralten keltoligurischen Oppidum auf dem benachbarten Plateau von Encourdoules und errichteten dort ihrerseits ein Castrum. Nach der Zerstörung durch Goten und Vandalen entstand im Tal ein neuer Siedlungskern, der – nach den gelben Teppichen der Ginsterblüten – den schönen Namen ›Vallis Aurea‹ (Goldenes Tal) erhielt. Zerstörungen und Entvölkerungen durch die Sarazenen, durch Raimund von Turenne (1364) und schließlich, 1480, durch die Pest, machten den Ort zum ›locus inhabitatus‹ (unbewohnter Ort) – bis zur erwähnten Neubesiedlung.

Nicht erst die Neusiedler lebten von der **Töpferei** – es gab in unmittelbarer Nähe reiche Tonvorkommen – und vom Export ihrer Waren. Doch die seit der Römerzeit immer wieder neu belebte Tradition des Ortes erfuhr in jüngerer Zeit einen schweren Rückschlag: Der Konkurrenz der Bauxitförderung [vgl. Le Thoronet, Nr. 10] war die Tonindustrie nicht gewachsen. Von 40 Keramikwerkstätten, die es zwischen den beiden Weltkriegen gab, hielten sich nach dem Krieg gerade noch 20 mühsam am Leben.

Die Rettung kam von einer Seite, von der niemand sie erwartet hätte: Im August 1946 lud das Ehepaar Ramiès, die Inhaber der Töpferei Mandoura in Vallauris, **Picasso**, der sich damals gerade in Antibes aufhielt, zum Besuch in ihrer Werkstatt ein. Der Künstler, neuen Anregungen immer aufgeschlossen, zeigte Interesse und fertigte einige Formen.

Eine Zusammenarbeit ergab sich, die nicht nur dem genialen Maler und Plastiker neue gestalterische Möglichkeiten erschloss – die Ausweitung der Malerei auf andere Bereiche, die Erschließung unkonventioneller Materialien und Techniken war damals für viele Maler ein aktuelles Thema –, sondern mit einem Schlag auch die Kunstwelt auf Vallauris aufmerksam machte. Das vom Aussterben bedrohte Handwerk erlebte einen gewaltigen Aufschwung, Vallauris wurde gleichsam über Nacht zum Zentrum der Keramikkunst in Frankreich.

Allerdings hat das, was heute in Vallauris an die Touristen verkauft wird, nicht mehr viel zu tun mit den Erfindungen des großen Meisters, der in seinen keramischen Plastiken Gefäß und Figur, Form und malerischen oder zeichnerischen Einfall auf einzigartige, kunsthandwerkliche Konventionen weit übersteigende Weise verband, indem er etwa Teller mit wenigen Pinselstrichen zu Stierkampfarenen umfunktionierte. Wegen der heute dort hergestellten Keramiken würde also ein Besuch des Ortes kaum lohnen, und auch das Stadtbild hat nicht viel zu bieten. Aber da sind zwei wichtige Werke, die für jede Enttäuschung entschädigen: die *Bronzeplastik* ›Mann mit dem Schaf‹ – ein uraltes mediterranes Thema, das Picasso seit 1942 beschäftigte – und die *Kapelle* mit seinen Malereien zum Thema ›Krieg und Frieden‹ (1952).

Picasso ließ 1949 drei Güsse seiner Hirtenfigur herstellen. Schon das 1943 vollendete Gipsmodell war, gegen Ende des Krieges, allgemein als Zeichen der Hoffnung und als Hinweis auf den Frieden verstanden worden. Als die Gemeinde Vallauris 1950 Picasso zum Dank für seine Verdienste um die Wiederbelebung des Töpferhandwerks zum Ehrenbürger machte, schenkte der sonst nicht eben freigiebige Künstler der Stadt eine dieser drei Plastiken. Der **Mann mit dem Schaf** wurde zunächst in einer profanierten romanischen Kirche aufgestellt, später dann auf dem Hauptplatz – als ein in dieser Gegenüberstellung außerordentlich aussagekräftiger Gegenpol zum martialischen Monumentalkitsch des Kriegerdenkmals gegenüber.

Picasso hat mehrere Werke geschaffen, die sich mit leidenschaftlicher Ausdruckskraft gegen Krieg und Gewalt wenden – das bekannteste ist das riesige, 1937 entstandene Gemälde ›Guernica‹. Kaum weniger eindrucksvoll geriet das kurz nach dem Ausbruch des Koreakriegs gemalte Bild ›Massaker von Korea‹, das freilich von Freunden und Kritikern eher indifferent aufgenommen wurde.

Bei dem Gedanken, das Thema ›Krieg und Frieden‹ noch einmal aufzugreifen und für einen Sakralraum zu gestalten, mag die gerade eingeweihte Kapelle eine Rolle gespielt haben, die *Henri Matisse* im benachbarten Vence gestaltet hatte [Nr. 25]. Picasso beschloss, die Vorhalle der durch den Bau einer größeren Kirche funktionslos gewordenen **Chapelle romane** der Mönche von Lérins in Vallauris mit Wandbildern auszustatten, die er allerdings nicht direkt auf die Wand, sondern auf große Tableaus malte. Heute ist das Gebäude öffentlich zugänglich – als **Musée National Picasso** (Place de la Libération, Tel. 04 93 64 71 83, www.musee-picasso-vallauris.fr, Mitte Juni–Mitte Sept. Mi–Mo 10–12.15 und 14–18 Uhr, Mitte Sept.–Mitte Juni Mi–Mo 10–12.15 und 14–17 Uhr).

Picasso begann mit den Vorarbeiten zu diesem Projekt im August 1952. Er schloss sich zwei Monate lang in sein Studio ein, nur sein Sohn Paul durfte ihn stören. Dieser wurde denn auch verewigt in dem großartigen **Bilderzyklus**, der freilich nur hier, in der Beziehung auf die herbe, kryptenartige Architektur des romanischen Raums, sinnvoll zur Wirkung kommt – bei Ausstellungen in Mailand und Rom waren die Arbeiten eher verständnislos aufgenommen worden.

Picasso arbeitete mit der Gegenüberstellung verschiedener inhaltlicher, formaler und farblicher Elemente. **›Der Krieg‹** (Südseite) wird symbolisiert durch einen unförmigen Wagen, von dem eine gehörnte Gestalt mit blutigem Schwert Unheil sät. Düstere Schatten wilder Kampfhandlungen zucken im Hintergrund, die dürren, hässlichen Pferde scheuen vor einer hellen, furchtlosen Gestalt, die dem Treiben Einhalt gebietet: Sie trägt – an die Insignien des Erzengels Michael erinnernd – Waage und Lanze und ein Schild, auf dem die Taube des Friedens dargestellt ist.

›Der Friede‹, auf der Nordwand der Kapelle, zeigt vor tiefem Blau eine Fülle von Motiven eines arkadischen, fruchtbaren und harmonischen, sinnerfüllten, aber auch spielerisch freien Lebens: Da wird musiziert und getanzt, gekocht und geschrieben, ein geflügeltes Pferd zieht den Pflug, eine Mutter stillt ihr Kind, ein Knabe trägt Fische in einem Vogelbauer und Vögel in einem Aquarium. Wein und Orangen gedeihen, die Sonne lässt Pflanzen sprießen. Der Thematik entspricht ein anderer, großzügigerer Duktus als bei der splittrigen, aggressiven, gebrochenen Linienführung der Kriegsdarstellung.

Die *Westseite* schließlich zeigt in plakativer Stilisierung, ein wenig an die Klebebilder des späten Matisse erinnernd, vier farbige Männer – Schwarz, Gelb, Rot und Weiß stehen für die vier Hauptrassen der Menschheit. Sie halten gemeinsam eine Scheibe, auf der die Taube des Friedens zu sehen ist.

i Praktische Hinweise

Information

Office de Tourisme, Square du 8 Mai 45, Vallauris, Tel. 04 93 63 82 58, Fax 04 93 63 13 66, www.vallauris-golfe-juan.com

Hotel

****Val d'Auréa**, 11 bis, Boulevard Maurice Rouvier, Vallauris, Tel. 04 93 64 64 29, Fax 04 93 64 45 60. Modern eingerichtetes Hotel (Sept.–April geschl.).

Antibes: Befestigungsanlagen und Grimaldi-Schloss

23 Antibes

Strandvergnügen und Picasso-Begeisterung.

Die weite ›Bucht der Engel‹, die Baie des Anges, wird durch das *Cap d'Antibes* begrenzt. An dessen Westseite lockt TOP TIPP der herrliche Strand von **Juan-les-Pins** nach wie vor die Schönen und Reichen der Welt an. Lang, mit feinem Sand und windgeschützt ist er ein beliebter Treffpunkt zum Sehen und Gesehenwerden. Nizza und Antibes liegen einander gegenüber – vermutlich bezieht sich die griechische Bezeichnung der Stadt, Antipolis, d. h. die ›Stadt gegenüber‹, auf Nikaia, ihre gleichaltrige Partnerin im Nordosten. Jedenfalls ist Antibes wie so viele Küstenorte eine Griechengründung des 6. Jh. v. Chr., doch nähere Auskunft gibt auch der rätselhafte, 65 cm lange, ovale Basaltkiesel nicht, von dem im Museum eine Kopie aufbewahrt wird. In zwei Hexametern verkünden seine eingeritzten Buchstaben: »Ich bin Terpon, Diener der erhabenen Aphrodite; möge Kypris dafür ihre Gnade schenken, die mich mit dieser Aufgabe betraut hat.« Der Stein war in die Hafenmauer eingelassen und wurde 1866 gefunden.

Nachdem die Römer die Küste erobert hatten, errichteten sie einige Stützpunkte, die nicht als Kolonien verwaltet wurden, sondern – wie Fréjus – als ›Civitas‹ unmittelbar Rom unterstanden.

Antipolis florierte als Hafenstadt und Flottenstützpunkt, seit der Mitte des 5. Jh. auch als Bischofsstadt. Allerdings wurde der Bischofssitz 1244 nach Grasse verlegt. Die weitere Geschichte ist geprägt durch fortwährende erbitterte Kämpfe und Grenzstreitigkeiten. Befestigungen, Zerstörungen und Wiederaufbau wechselten in trostloser Folge.

Der Name der Stadt wurde auf makabre Weise bestätigt: 1388 war die Grafschaft Nizza an Savoyen, 1481 die Provence an Frankreich gefallen. Aus den beiden Grenzorten wurden gegnerische Festungen und erbitterte Feinde. Wenig historische Substanz hat diese Kämpfe überdauert. Besichtigt werden kann die Festung **Fort Carré** (Avenue du 11 Novembre, Tel. 06 14 89 17 45, Mitte Juni–Mitte Sept. Di–So 10–17.30 Uhr, Mitte Sept.–Mitte Juni Di–So 10–16 Uhr), die von Heinrich II. begonnen und unter Ludwig XIV. ausgebaut wurde, möglicherweise unter Beteiligung von Vauban. Erhalten ist auch die Pfarrkirche *Eglise de l'Immaculé-Conception*. Die romanischen Ostteile stammen noch von der ehem. Kathedrale, das Langhaus aus dem 17. Jh. Den Innenraum schmückt ein Rosenkranzaltar von Louis Bréa aus dem Jahr 1515.

Pablo Picasso und die Côte d'Azur

Ein kurzer biografischer Abriss mag die Bedeutung erhellen, die die Côte d'Azur für Leben und Werk dieses Künstlers gehabt hat: Pablo Picasso, 1881 in Málaga geboren und in Galicien aufgewachsen, an den Akademien von Madrid und Barcelona ausgebildet, findet erst in Paris zu sich selbst. Hier, im Zentrum des damaligen Kunstgeschehens, setzt er sich mit den verschiedensten aktuellen Strömungen, aber auch mit historischer und außereuropäischer Kunst auseinander, wirft mit vitaler Unbekümmertheit Konventionen über Bord und knüpft doch zugleich immer wieder an sie an, zertrümmert mit ebenso leichter wie starker Hand Traditionen und erweckt sie, ganz nach Bedarf, wieder zum Leben. Er probiert alles aus, ohne jede Oberflächlichkeit, doch auch, ohne sich je auf einen einzigen Weg festzulegen. So vermeidet er Sackgassen. Wenn andere versuchen, Entwicklungen voranzutreiben, zieht er es vor, diesen vorauszueilen. Keine Technik, keine Kunstgattung, in der er nicht wesentlich mehr als Beiläufiges geschaffen hätte. Er packt an und lässt los – kein Künstler hat so wie er diese elementare Dialektik des Lebens beherrscht und begriffen und in seiner Arbeit realisiert.

Immer wieder zieht es ihn in den Süden. Ab 1909 hält er sich regelmäßig dort auf. Picasso sucht die Sonne, die Hitze, das Licht und badet zum Erstaunen der Fischer im Meer. 1909 lebt er für vier Monate mit Fernande im katalanischen Horta. Hier entwickelt er seinen kubistischen Stil und schafft so bedeutende Werke wie »La fábrica de Horta«. Die folgenden Jahre hält er sich regelmäßig in Céret auf, einem herrlichen Dörfchen im französischen Teil Kataloniens, das damals als Mekka des Kubismus gilt. Dort wirken neben Picasso Künstler wie George Braque, Max Jakob, Juan Gris oder Auguste Herbin. 1912 trifft sich Picasso mit Georges Braque und André Derain in Avignon. In dieser Zeit entstehen die ersten *Papier collé*-Arbeiten: Montagen aus Zeitungstiteln, Etiketten und Werbeslogans mit Kohlezeichnung auf Papier.

Die Kriegszeit bindet ihn an Paris, Olga, die erste Ehefrau, lockt ihn dann 1918 in das mondäne Biarritz, den Sommer 1919 aber verbringt er zum ersten Mal an der Côte d'Azur. Fast jedes Jahr kehrt er fortan wieder, lebt und arbeitet im Haus seines Freundes Louis Fort in **Golfe-Juan**, gelegentlich auch in **Antibes** (1923, 1926) oder **Cannes** (1927, 1933). Er sucht die Ruhe und Einsamkeit, die es damals in diesen Orten tatsächlich noch gab.

Nach seiner Trennung von Olga 1936 beschließt er, endgültig an die Côte d'Azur zu ziehen. Er lernt Mougins kennen, doch der Krieg holt ihn nach Paris zurück. Erst 1946 reist er wieder in den Süden, diesmal mit der französischen Malerin Françoise Gilot. 1947 kommt ihr gemeinsamer Sohn Claude zur Welt, 1949 die Tochter Paloma. Picasso hält sich in **Cannes** und **Vallauris** auf, wo er in der Töpferei Madoura etwa 2000 Keramiken schafft. 1952 gestaltet er hier den Bilderzyklus ›Krieg und Frieden‹ für die Chapelle romane. Picasso arbeitet im Grimaldi-Schloss in **Antibes**, besucht regelmäßig Matisse in **Vence**. Dazwischen liegen Aufenthalte in Paris und Vallauris, wo er sich die **Villa La Galloise** kauft. Der Erwerb einer alten Parfumfabrik gibt ihm die Möglichkeit, plastisch zu arbeiten. Von der nahen Müllhalde holt er sich Material, integriert es in seine Bronzen. 1955 zieht er nach **La Californie** bei Cannes, seine letzte Lebensgefährtin Jacqueline begleitet den mittlerweile 74-Jährigen. Weitere Umzüge folgen, von Cannes nach Vauvenargues, von dort nach **Mougins**.

Hier endlich findet er Ruhe, hier entsteht sein intensives, ungebrochen vitales Spätwerk. Es kreist um die Themen Stierkampf und Faun, Mann und Frau, Maler und Modell, ist ein ständig neues Sichvergewissern der eigenen Existenz, aber nicht in einem eng egozentrischen, sondern in einem archetypisch exemplarischen, Zeit und Raum, Geschichte und eigene Biografie übergreifenden Sinn. »Eine derartige Fähigkeit, universelle Kenntnis von Geschichte mit der eigenen existentiellen Situation zu verquicken, bleibt auf Picasso beschränkt.« (Werner Spies). Am 8. April 1973 stirbt Picasso in Mougins.

Beeindruckender ist das **Grimaldi-Schloss** mit seinem Wehrturm aus dem 12. Jh. Königin Jeanne hatte 1383 dem mittlerweile in Grasse residierenden Bischof seinen ehem. Bischofssitz abgenommen und ihn zusammen mit weiteren ehemals bischöflichen Besitzungen in Antibes den Exil-Genuesern Luca und Marco Grimaldi übergeben – zur Strafe für den Kirchenmann, der während des großen Schismas nicht zum Papst in Avignon, sondern zu dem in Rom gehalten hatte. 1927 kaufte die Stadt das Schloss und richtete in ihm ein *Museum* ein.

Das Museum erhielt eine neue, internationale – und den Ort in hohem Maße aufwertende – Bedeutung, als Picasso im Sommer 1946 nach langer kriegsbedingter Abwesenheit seine geliebte Côte d'Azur besuchte. Bei dieser Gelegenheit wurde ihm angeboten, in den Obergeschossen des Schlosses zu wohnen und zu arbeiten. Die *Gemälde*, *Zeichnungen* und *Keramiken*, die der Künstler daraufhin dem Museum als Dauerleihgabe zur Verfügung stellte, bildeten den Grundstock des sehenswerten TOP TIPP **Musée Picasso** (Tel. 04 92 90 54 20, bis Sommer 2008 wegen Umbau geschl.) von besonderer Authentizität. Picasso selbst hatte Hängung und Aufstellung der Arbeiten überwacht und angeordnet, dass keines der Werke je aus dem Museum entfernt werden dürfte: »Wenn sie die Picassos in Antibes sehen wollen, müssen sie eben nach Antibes kommen«, stellte er dazu lapidar fest.

Inzwischen enthält das Museum 23 Gemälde, über 40 Papierarbeiten, 27 Lithographien, einige Plastiken und einen Wandteppich. Auf der Terrasse werden vier Bronzearbeiten von Germaine Richier (1904–1959) präsentiert, Wechselausstellungen verschiedener Künstler ergänzen die Präsentation.

Praktische Hinweise

Information

Maison du Tourisme, 11, Place de Gaulle, Antibes, Tel. 04 97 23 11 11, Fax 04 97 23 11 12, www.antibes-juanlespins.com

Hotels

****Le Ponteil**, 11, Impasse Jean Mensier, Antibes, Tel. 04 93 34 67 92, Fax 04 93 34 49 47, www.leponteil.com. Einfaches Hotel mit schöner Terrasse und guter Küche (Mitte Nov.–Anf. Febr. geschl.).

Picasso 1957 neben seinem Bild der Friedenstaube im Grimaldi-Schloss von Antibes

Restaurant

Bacon, Boulevard Bacon, Cap d'Antibes, Tel. 04 93 61 50 02, www.restaurantdebacon.com. Das Spitzenrestaurant auf dem Cap d'Antibes mit herrlichem Blick auf Antibes und die Baie des Anges. Spezialität: Bouillabaisse (Mo komplett und Di mittags sowie Nov.–April geschl.).

Keramische Skulptur von Picasso im Museum von Antibes

Die Fassade des Léger-Museums mit Blütenskulptur in Biot

24 Biot

Besuch bei dem Künstler Fernand Léger.

Zwischen Antibes und Nizza konzentrieren sich die Stätten der Begegnung mit den großen Bahnbrechern der Kunst des 20. Jh. in einem solchen Maße, dass sorgfältige Planung unbedingt angebracht ist. Man nehme sich nicht zuviel vor, denn alle diese Besuche brauchen Zeit, auch wenn die Entfernungen gering sind. Und ›am Wege‹ gibt es noch vieles, an dem man nicht achtlos vorbeifahren sollte. Die im Folgenden vorgeschlagene Route sollte man also entweder in mehrere Einzelausflüge aufteilen oder aber sich mindestens zwei, besser noch drei Tage Zeit lassen.

Von Antibes geht es an der Baie des Anges entlang Richtung Nizza. Bei La Braque biegen wir nach links auf die schon bekannte D 4, über die man nach kurzer Zeit Biot erreicht.

Der 80 m über dem Meer gelegene, klimatisch ausgesprochen bevorzugte Ort gehört zum uralten Siedlungsgebiet der Oxybier, deren Hauptstadt Aegitna vielleicht sein Vorgänger war. Genaueres wissen wir erst aus dem 13. Jh.: 1207 wurde der Ort den Templern übertragen mit der Auflage, von hier aus die Küste zu überwachen. Nach der Vernichtung des Templerordens wurden deren Kommende 1312 den Johannitern überlassen. Kriegszerstörungen und Pest führten schließlich Ende des 14. Jh. dazu, dass der entvölkerte Ort aufgegeben wurde, 1470 jedoch konnte er unter dem guten König René mit Familien aus Oneille neu besiedelt werden.

Die zentrale **Place aux Arcades** ist mit Naturkieseln gepflastert, vor der Kirche ist ein Mosaik mit zwei Johanniterkreuzen, einer Lilie und der Jahreszahl 1685 eingelegt. Die **Kirche** selbst entstand nach 1470 und wurde im 17. Jh. verändert. Ihr wertvollster Besitz ist ein Retabel, das der Hauptmeister der Schule von Nizza, *Louis Bréa*, gegen Ende des 15. Jh. gemalt hat. Es zeigt eine in Rot, Blau und Gold gehaltene Darstellung der Schutzmantelmadonna, die von sieben kleineren Tafeln mit Heiligendarstellungen umgeben wird [s. S. 36]. Auch das Auferstehungsretabel stammt von einem bekannten Meister der Schule von Nizza, von Jean Canavesio.

Dass aber Biot heute mit großen Buchstaben auf der Landkarte der neueren Kunstgeschichte verzeichnet ist, verdankt es einem Künstler wesentlich jüngerer Generation. Dabei ist der Standort des

Musée National Fernand Léger (Chemin du Val de Pome, Tel. 04 92 91 50 30, www.musee-fernandleger.fr, Juli–Sept. Mi–Mo 10.30–18 Uhr, Aug.–Juni Mi–Mo 10–12.30 und 14–17.30 Uhr) relativ zufällig. Denn Léger (1881–1955) hat hier nie längere Zeit gelebt, und im Gegensatz zu seinen gleichaltrigen Kollegen Matisse und Picasso hat ihn der Süden nie sonderlich interessiert.

Léger kam nach Biot vielmehr einem seiner Schüler zuliebe, der sich hier niedergelassen und die lukrative Idee hatte, von Léger entworfene und signierte Keramik zu produzieren. Die Parallele zu Vallauris ist offenkundig und also doch wohl kein Zufall: Auch in Biot gab es eine alte Handwerkertradition, die dergestalt neu belebt wurde.

Légers Frau Nadja, einer Russin, gefiel es an der Côte d'Azur so gut, dass sie sich nach dem Tod ihres Mannes in Biot niederließ und den Plan fasste, ein ihm gewidmetes Museum zu gründen. Der Plan wurde verwirklicht, der Architekt Svetchine aus Nizza entwarf den als Gebäude nicht eben begeisternden, als Museum aber durchaus funktionalen Bau. Zwei riesige, zu Lebzeiten Légers nicht mehr realisierte Werke sollten das Gebäude schmücken, ein **Fassaden-Mosaik** von 500 m² Flächenausdehnung sowie ein 50 m² großes Glasfenster. Die Ausführung übernahm Légers Schüler Roland Brice.

Zwar gelang hier nicht, was Léger in Bauten wie den Kirchen von Audincourt (1951) und Courfaivre (1954) gemeistert hatte, nämlich Architektur und angewandte Kunst in einen spannungsreichen Dialog zueinander zu bringen, doch bieten die Sammlungen selbst einen hervorragenden, didaktisch geordneten Überblick über das Schaffen des großen Humanisten und Überwinders der abstrakten Malerei.

Die Präsentation beginnt mit einem *Drahtporträt*, das Légers Freund *Alexander Calder* von ihm anfertigte, sie zeigt dann frühe und noch recht konventionelle Ölbilder Légers, leitet über zu Arbeiten, die die Auseinandersetzungen mit dem Impressionismus und mit Cézanne belegen (1907–11), und erreicht schließlich einen ersten Höhepunkt mit Beispielen für Légers sehr eigenständige kubistische Periode.

Die 1920er-Jahre sind, in gewisser Parallelität zu Picasso, aber innerhalb der persönlichen Entwicklung doch wieder ganz anders bedingt, durch einen ›monumentalen‹ Stil gekennzeichnet, der das Bild des Menschen in Beziehung zu dem der Maschine setzt – Schlüsselerlebnis dabei war, nach Légers eigenen Worten, die Erfahrung des Ersten Weltkriegs.

In seinem Spätwerk treten Zeichnung und Farbe als autonome Gestaltungselemente auseinander bzw. in ein neues Spannungsverhältnis zueinander – eine Tendenz, die auch bei Matisse [s. S. 82f.] zu beobachten ist.

i Praktische Hinweise

Information

Office de Tourisme, 46, Rue Saint Sébastien, Biot, Tel. 04 93 65 78 00, Fax 04 93 65 78 04, www.biot.fr

Restaurants

Le Jarrier, 30, Passage de la Bourgade, Biot, Tel. 04 93 65 11 68, www.lejarrier.com. Vorzügliches Restaurant (So/Mo geschl.).

Les Terraillers, 11, Route du Chemin Neuf, Biot, Tel. 04 93 65 01 59, www.lesterraillers.com. Profitiert von seiner exzellenten Küche sowie vom Ambiente einer Töpferei aus dem 16. Jh. (Mi/Do geschl.).

Keramisches mit Tradition: Santons – Puppen aus feinem Ton

25 Vence

TOP TIPP *Uralte Kathedrale und moderne Kapelle.*

Ein landschaftlich außerordentlich reizvoller Weg führt nach **Le-Bar-sur-Loup**, wo in der kleinen zweischiffigen *Kirche* aus dem 15. Jh. der berühmte, provenzalisch beschriftete ›Totentanz‹ und ein Retabel aus dem Bréa-Umkreis besichtigt werden kann. Im nahe gelegenen **Gourdon** steht das reizvolle **Château de Gourdon** (Tel. 04 93 09 68 02, www.chateau-gourdon.com, Musée historique Juni–Sept. tgl. 11–13 und 14–19 Uhr, Okt.–Mai Mi–Mo 14–18 Uhr, Musée des Arts Décoratifs et de la Modernité Juli/Aug. Führungen 12, 15, 17 und 18 Uhr, Sept.–Juni nur nach Anmeldung, Gärten Juli/Aug. tgl. 15–17 Uhr, sonst nur nach Anmeldung) aus dem 16. Jh. mit schönem Renaissance-Innenhof und Gärten, die nach Plänen von *André Le Nôtre* angelegt wurden. Die Aussicht von hier oben ist prachtvoll. Neben Waffen und Antiquitäten sind in den Sammlungen des Schlosses Gemälde aus dem 15. und 16. Jh. zu bewundern, darunter eine ›Legende der hl. Ursula‹ aus der Kölner Schule, Arbeiten von Le Nain, Rigaud, Largillière und anderen französischen Meistern sowie insbesondere eine exzellente Kollektion naiver Malerei (Rousseau, Kwiatkowsky, Rabuzin u. a.).

Rechts: *Vence – ein Ortsbild von besonderer Schönheit*
Unten: *Hoch über dem Tal des Loup: Das Restaurant ›Le Nid d'Aigle‹ (Adlerhorst) in Gourdon*

In der Gegend von **Vence** (Vintium) lebten die schon von Plinius d. Ä. erwähnten Nerusii, ein ligurischer Stamm. Unter Augustus wurde Vintium als Militärposten der Römer in den Rang einer ›Civitas romana‹ erhoben, es scheint aber auch, aufgrund seines vorzüglichen Wassers und Klimas, ein beliebter Erholungsort gewesen zu sein.

Im 4. Jh. war die Stadt Bischofssitz. 441 wurde als Bischof der hl. Veranus nach Vence entsandt, ein Mönch aus Lérins und Schüler des hl. Honoratus. Veranus gelang es, in den chaotischen Jahren der Goteneroberungen die Stadt heldenhaft zu verteidigen und die Ordnung aufrechtzuerhalten.

In seine Amtszeit fällt wohl der Bau der ersten **Cathédrale de la Nativité-de-la-**

Vièrge, die jedoch im 8. Jh. von den Sarazenen geplündert und niedergebrannt wurde. Wenig später erlitt die gesamte Stadt das gleiche Schicksal. Wann Vence wieder aufgebaut wurde, ist nicht genau bekannt, jedenfalls entstand damals, im 10.–12. Jh., eine neue, größere Kathedrale, deren Kern im heute zwar durch vielerlei Um- und Ausbauten veränderten, dennoch merkwürdig urtümlich anmutenden Gebäude immerhin nachweisbar ist.

Die Kathedrale ist, wie die meisten der Region, längst kein Bischofssitz mehr, denn anders als in Italien hat man in Frankreich nach der Revolution die Zahl der Bistümer drastisch verringert und die kirchliche der weltlichen Verwaltungsstruktur angeglichen. Sie steht ziemlich genau in der Mitte des eiförmigen, von einem Rundboulevard anstelle der alten Befestigungsmauern umschlossenen Altstadtkerns. Außen sind ihre Ursprünge noch gut nachvollziehbar, im **Innenraum** jedoch spricht vernehmbar die barocke Ausstattung mit. Der dreischiffige, tonnenüberwölbte und mit Emporen über den Seitenschiffen versehene, daher sehr hoch und steil proportionierte Raum wirkt, wegen der angebauten Kapellen, fünfschiffig. Die Ausgestaltung ist reich und prächtig, wenngleich alles andere als einheitlich.

Die Fassade ist im Rokokostil gehalten. Die Tour St-Lambert (links vom Eingang) stammt im Kern aus dem 12. Jh. und war ursprünglich frei stehend. Westfassade und Vorraum besitzen *Votivtafeln* aus römischer Zeit (vermutlich stand hier ein Tempel von Mars und Kybele). Unter der Empore befindet sich ein hochverehrtes *Kruzifix* des 16. Jh., das wunderbarerweise in der Französischen Revolution den Zerstörungsversuchen trotzte. Das **Baptisterium** zeigt Frühbarockstuck und ein Mosaik von *Chagall* (1979). Auf der Empore stehen ein schönes *Chorgestühl* (15. Jh.) und ausdrucksstarke Figuren eines volkstümlichen Kreuzwegs (18. Jh.). An den Innenseiten der Seitenschiffarkaden befinden sich *vorromanische Flachreliefs* mit Vogel- und Flechtbandmotiven. In der südöstlichen Seitenkapelle sieht man das Grab des hl. Veranus (Sarkophag und Skulpturfragmente des 4. Jh.). Der Hochaltar wurde 1768 von Giuseppe Schiaffini aus Genua geschaffen.

Markt in den engen Gassen von Vence

In der nordöstlichen **Sakramentskapelle** im Untergeschoss des Glockenturms werden weitere wertvolle Ausstattungsstücke gezeigt.

Die kleine Pforte zwischen dieser Kapelle und dem Chor führt zum schönsten Platz der Stadt – mit einer antiken Säule –, der **Place Godeau**, benannt nach Antoine Godeau, der im 17. Jh. Bischof von Vence war und zusammen mit Richelieu die Académie française gründete.

Folgt man dem Oval der ehem. *Stadtmauer*, die innerhalb einer mittlerweile ausufernden Bebauung den eigentlichen Stadtkern markiert – radial verbinden kleine Gässchen und Treppen das Zentrum mit der Peripherie –, so ergeben sich schöne Ausblicke ins *Tal der Lubiane*. Im Westen, beim *Château de Villeneuve*, dem ehem. Sitz der Herren von Villeneuve, bestimmt die **Tour Carrée** das Bild der 1441 angelegten Place Neuve, heute **Place du Frêne**, benannt nach einer angeblich zu Lebzeiten von Franz I. gepflanzten mächtigen Esche. Von hier aus hat man einen schönen Blick zur Matisse-Kapelle (s. u.). Nahebei, jenseits der Porte Peyra, steht der berühmte **Brunnen**, der eines der beliebtesten Fotomotive dieser reizvollen und gepflegten Stadt darstellt.

TOP TIPP Chapelle du Rosaire

Etwa 1,5 km nordwestlich des Stadtzentrums, jenseits der Lubiane liegt die Chapelle du Rosaire (466, Avenue Henri Matisse, Tel. 04 93 58 03 26, Mo, Mi, Sa 14–17.30 Uhr, Di, Do 10–11.30 und 14–17.30 Uhr) von **Henri Matisse** (1869–1954). Der Weg ist ausgeschildert. Die Kapelle gilt als das **Hauptwerk** des großen Meisters der Farbe und der Linie, als ein Werk von klarer, asketischer, zugleich aber auch spielerisch heiterer Schönheit. Gleichwohl erschließt sie sich selten auf Anhieb. Spektakulär ist sie nicht – Picasso verglich sie respektlos mit einem Badezimmer –, und manch einer wird bei der ersten Begegnung wahrscheinlich enttäuscht sein. Aber man lasse sich Zeit. Die Nonnen bestehen darauf, dass in diesem Raum nicht geredet wird.

Die Entstehungsgeschichte der Kapelle ist eine sehr persönliche. Matisse, wider Erwarten von schwerer Krankheit genesen, hatte bei seiner ersten Operation im Krankenhaus in Lyon 1941 die Ärzte gebeten: »Gebt mir noch drei bis vier Jahre Zeit, damit ich mein Lebenswerk vollenden kann.« Sechs Jahre später erhielt er Gelegenheit, diesen Wunsch in die Tat umzusetzen.

Seine damalige Pflegerin war mittlerweile, als Schwester Marie-Ange, in den Dominikanerorden eingetreten. Von ihr erfuhr er von den Plänen, im Kloster Vence eine neue Kapelle zu bauen. Aus Überlegungen, ob er nicht hierfür die Fenster entwerfen könne, entstand rasch die Idee eines viel weitergehenden Engagements. Das funktionale Grundkonzept der Kapelle wurde mit dem zuständigen Architekten abgesprochen – der Bau sollte winkelförmig werden, mit einem Raum für die Nonnen und einem zweiten für die Laien, im Schnittpunkt sollte diagonal der Altar aufgestellt werden –, bezüglich der Details aber erhielt Matisse freie Hand. Er machte sich sofort mit Skizzen und Studien ans Werk.

Alles – Wände, Türen, Fenster, Altar, Messgeräte, Beleuchtung, Paramente – entwarf er selbst. Das Matisse-Museum in Nizza [s. S. 103] zeigt die Vorstudien und den Werdegang des Projekts, dessen Quintessenz darin besteht, einfache, auf chiffrenartige Konturen beschränkte Wandzeichnungen – den Kreuzweg, die Madonna – mit dem wandernden Licht, das von gelb und grün ornamentierten Fenstern auf die gekachelten Wände geworfen wird, in ein vitales, dynamisches Gleichgewicht zu bringen.

Die Elemente der Kunst des großen Altmeisters der Moderne – Linie, Licht,

Farbe – treten in Vence in autonomer, gereinigter, aufs Äußerste reduzierter und konzentrierter Form immer wieder auseinander und aufs Neue, in einem Prozess, der Raum und Zeit umfasst, wieder zusammen. Matisse geht so weit, bei den wie prähistorisch anmutenden Kürzeln der Passionsszenen sogar seine individuelle Handschrift aufzugeben: Der geniale Zeichner band den Pinsel an einen 2 m langen Bambusstab, verzichtete so bewusst auf das Ausspielen in Jahrzehnten angeeigneter und vervollkommneter Fähigkeiten, um noch einmal ganz ursprünglich, ganz hilflos an eine Aufgabe heranzugehen, die ihm mit eingespielten Mechanismen nicht lösbar erschien. 1936 hat er in seinen Tagebüchern formuliert: »Wenn sich die Mittel so ausgeglichen haben und so verbraucht sind, dass sich ihre Ausdruckskraft erschöpft hat, dann muss man zu den Grundregeln, welche die menschliche Sprache geformt haben, zurückkehren.«

Die Kapelle von Vence wurde 1951 geweiht, drei Jahre später ist Matisse in Nizza gestorben. Zu seinem letzten Werk sagt er selbst mit aller Klarheit: »In der Kapelle bestand mein Hauptanliegen darin, eine Oberfläche von Licht und Farbe gegen eine feste weiße Wand, die mit schwarzen Zeichnungen bedeckt ist, auszubalancieren. Die Kapelle ist für mich das letzte Ziel eines arbeitsreichen Lebens und der Höhepunkt eines gewaltigen, aufrichtigen und schwierigen Bemühens.«

i Praktische Hinweise

Information

Office de Tourisme, Place du Grand Jardin, Vence, Tel. 04 93 58 06 38, Fax 04 93 58 91 81, www.vence.fr

Hotel

TOP TIPP **Château St-Martin & Spa**, Avenue des Templiers, an der Route Coursegoules (über D 2), Vence, Tel. 04 93 58 02 02, Fax 04 93 24 08 91, www.chateau-st-martin.com. Spitzenhotel mit allem Komfort, herrliche Sicht auf Vence und die Küste. Das Restaurant zählt zu den besten der Gegend.

Camping

Domaine de la Bergerie, Route de la Sine, Vence (3 km in Richtung Grasse), Tel. 04 93 58 09 36, Fax 04 93 59 80 44, www.camping-domainedelabergerie.com, (Mitte Okt.–März geschl.).

Restaurant

Auberge des Seigneurs, Place du Frêne, Vence, Tel. 04 93 58 04 24, www.auberge-seigneurs.com. Hotelrestaurant mit gu-

Der hl. Dominikus – Zeichnung, Altar und Fenster von Henri Matisse in der Chapelle du Rosaire in Vence

Reizvoll gelegen: das mittelalterliche Städtchen St-Paul mit einer gut erhaltenen Festung

ter Küche in einem traditionsreichen Haus im Zentrum (So/Mo geschl.).

Les Templiers, Avenue Maréchal Joffre 39, Vence, Tel. 04 93 58 06 05, www.restaurant-vence.com. Köstliche mediterrane Küche, im Sommer wird auf der begrünten Terrasse serviert (Mo, Mi geschl.).

26 St-Paul

TOP TIPP *Alte Stadt und neue Kunst: Von der Bergfestung zur Fondation Maeght.*

Folgt man der Straße, an der die Kapelle liegt, weiter, so gelangt man in eine Bergwelt von außerordentlicher Schönheit. Der Blick öffnet sich zwar auch ins industrialisierte *Var-Tal*, doch auf den Höhen oberhalb scheint es, als sei die Zeit stehen geblieben. Wunderschöne Bergdörfer wie Gattières, Carros, Le Broc und Roquesteron laden zum Verweilen ein. Von hier aus sind sehr reizvolle Routen nach Nordwesten Richtung Castellane und Digne-les-Bains möglich, aber auch eine weit greifende Alpenfahrt, die nach Nordosten, über St-Martin-Vésubie, Roquebillière und Sospel führt und bei Menton wieder die Küste erreicht [s. Nr. 29–34].

Der im Folgenden beschriebene Weg wendet sich jedoch, von Vence aus, wieder der Küste zu. 5 km südlich von Vence liegt die Bergfeste St-Paul. Der wahrlich zauberhafte Ort – wie alt er wirklich ist, kann nicht genau bestimmt werden, die älteste Erwähnung datiert von 1241 – ist in den Sommermonaten sehr gut besucht.

St-Pauls große Zeit begann, als im 16. Jh. Franz I. den Ort durch seinen Baumeister St-Remy zur **Festung** ausbauen ließ – über 600 Häuser sollen damals abgerissen worden sein, um diese ambitionierten Pläne zu verwirklichen. Auch die Stadtmauer des 14. Jh. musste weichen, lediglich das Stadttor wurde in die neue Anlage integriert. Der Aufwand hat sich gelohnt: Die Festung trotzte Österreichern, Piemontesen und Ungarn, und der Rundgang um die Mauern eröffnet heute ebenso wie die Spaziergänge durch die steilen, gepflasterten Gassen ständig neue und reizvolle Perspektiven.

Die ältesten Bauten sind **Donjon** und **Kirche** (12./13. Jh.; Kirche um 1300 um zwei Seitenschiffe erweitert, Wölbung im 17. Jh. erneuert, Glockenturm 1740 von der Nordseite nach Süden versetzt, sehenswerter Kirchenschatz). Doch bietet St-Paul nicht nur alte, sondern auch neue Kunst, zu der der Ort gleich zwei sehr verschiedene Attraktionen bietet:

Top Tipp Im Restaurant **La Colombe d'Or** [s. S. 86] kann man gutes Essen mit angemessenem Kunstgenuss verbinden: Der einstige Besitzer des Restaurants, Paul Roux, hat zu Zeiten, als derlei noch erschwinglich war, in jahrzehntelanger Sammeltätigkeit Bilder von Bonnard, Braque, Derain, Dufy, Léger, Matisse, Miró, Modigliani, Picasso, Utrillo und vielen anderen zusammengetragen, die in den 1920er-Jahren größtenteils seine Gäste waren. Auf diese Weise entstand eine sehr persönliche Kollektion, deren Kostbarkeiten häufig in ›Naturalien‹, sprich Essen und Übernachtung, bezahlt wurden. Heute hat sich das einzigartige künstlerische Ambiente längst herumgesprochen, und in der Saison zumindest ist ohne Vorbestellung kein Platz mehr zu haben.

Top Tipp Nicht weit entfernt verbindet die **Fondation Maeght** (sprich: Mag; Tel. 04 93 32 81 63, www.fondation-maeght.com, Juli–Sept. tgl. 10–19 Uhr, Okt.–Juni tgl. 10–18 Uhr) in idealer Weise Natur, Architektur und Kunst. Von den bisher in diesem Buch besprochenen Museen gibt es keines, das in vergleichbarer Weise architektonische und künstlerische Qualität miteinander in Einklang brächte. Dabei ist der Bau des bedeutenden, mit den meisten hier gezeigten Künstlern persönlich befreundeten katalanischen Architekten Josep Louis Sert keineswegs eine selbstgefällige Architektur, vielmehr in hohem Maße funktional. Ein wunderbarer Skulpturengarten bindet das Ganze in die Landschaft ein, Arbeiten von Calder und Miró setzen bizarre, häufig ihrerseits organisch-naturhafte Akzente.

Ist schon das Ambiente unbedingt eine Reise wert, so ist es umso mehr die **Sammlung** selbst, die das Pariser Kunsthändlerpaar *Marguerite* und *Aimé Maeght* hier zusammengetragen hat. Gezeigt werden durchweg Werke von Künstlern, die das Ehepaar auch in seinen Galerien vertrat: Braque, Chagall, Calder, Chillida, Giacometti, Miró und viele andere, etliche davon eng verbunden mit der herrlichen Landschaft, in der sie hier in zwangloser, aber überzeugender Stimmigkeit präsentiert werden.

Die Atmosphäre der Stiftung ist alles andere als ›museal‹ und es handelt sich nicht um ein Museum im herkömmlichen Sinn, vielmehr um ein modernes, lebendiges Haus der Begegnung mit Kunst, mit Bibliothek und Archiv, das häufig durch bedeutende Wechsel- und Wanderausstellungen von sich reden macht.

i Praktische Hinweise

Information

Office de Tourisme, Maison Tour, 2, Rue Grande, St-Paul, Tel. 04 93 32 86 95, Fax 04 93 32 60 27, www.saint-pauldevence.com

Im Skulpturengarten der Fondation Maeght bei St-Paul

Haut-de-Cagnes: typisches Beispiel für ein ›Village perché‹, ein provenzalisches Bergnest

Hotel

Mas d'Artigny, Route de la Colle, St-Paul, Tel. 04 93 32 84 54, www.mas-artigny.com. Luxuriöses Hotel mit Park, Aussicht und exzellentem Restaurant, außerhalb des Stadtkerns auf einer Anhöhe gelegen.

Restaurant

TOP TIPP **La Colombe d'Or**, Place du Général de Gaulle, St-Paul, Tel. 04 93 32 80 02, www.la-colombe-dor.com. Berühmt für seine Gemäldesammlung [s. S. 85], aber auch die Küche lohnt den Besuch. Reservierung empfohlen (Nov./Dez. geschl.).

27 Cagnes-sur-Mer

Im Haus Renoirs.

Cagnes, im Tal der Cagne, zieht sich über einige Kilometer hin und besteht aus drei sehr verschiedenartigen Teilen: dem früheren Fischer- und heutigen Badeort am Strand, *Cros-de-Cagnes*, (= Niederung von Cagnes), der im 19. Jh. entstandenen Unterstadt mit ihren Geschäften und Verwaltungsgebäuden, und dem historischen *Haut-de-Cagnes*, das allein gleich aus mehreren Gründen interessant ist: Zum einen wegen der wunderschönen Atmosphäre seines historischen Stadtbildes. Zum anderen aber wegen **Auguste Renoir** (1841–1919), der sich hier auf Anraten seiner Ärzte niederließ – an einem klimatisch begünstigten Ort, nachdem er zuvor acht Jahre lang in Beaulieu und Magagnosc, in Nizza und Le Cannet vergebens nach einem passenden Alterswohnsitz gesucht hatte. Cagnes aber, so berichtet sein Sohn Jean, war für den großen Maler Liebe auf den ersten Blick. Renoir quartierte sich zunächst im Postgebäude (heute Mairie) ein, erwarb dann 1907 das 23000 m² große Grundstück Les Collettes mit seinen tausendjährigen Olivenbäumen und ließ sich dort ein Haus bauen, das er im darauffolgenden Jahr mit seiner Frau, seinen Kindern und seinen Modellen bezog. Hier verbrachte er die letzten zwölf, trotz seiner arthritischen Erkrankung ungemein glücklichen und fruchtbaren Jahre seines Lebens, malte täglich, zuletzt mit an die Hand gebundenem Pinsel.

1960 kaufte die Stadt das Anwesen und richtete darin, ohne viel zu ändern, das **Musée Renoir** (Chemin des Collettes, Tel. 04 93 20 61 07, Mai–Sept. Mi–Mo 10–12 und 14–18 Uhr, Okt., Dez–April Mi–Mo 10–12 und 14–17 Uhr) ein. Das Museum vermittelt nicht nur etwas von der Atmosphäre des Ateliers und den Lebensumständen des Künstlers, sondern verfügt auch über bedeutende Arbeiten, darunter zwei Leihgaben, die der Louvre zur Verfügung stellte. Im Esszimmer des

Renoirs ›Les grandes baigneuses‹ (Die großen Badenden), hier in einer Fassung von 1887, im Musée Renoir ist eine Interpretation von 1902 zu besichtigen

Hauses steht Maillols Renoir-Büste. Die Verehrung, die Renoir dem 20 Jahre jüngeren Bildhauer entgegenbrachte, spiegelt sich in seinen eigenen plastischen Schöpfungen. Und wieder einmal wird deutlich, dass sich diese Kunst nicht allein aus dem Licht und den Farben, sondern auch aus der uralten Kultur des Mittelmeerraumes speist: In Renoirs Frauenbildern werden nicht nur die griechische Aphrodite und die römische Venus, es werden zugleich auch die ewig jungen, meergeborenen Göttinnen lebendig.

Natürlich sollte man über Renoir nicht einen Besuch des **Château Musée Grimaldi** (7, Place Grimaldi, Tel. 04 92 02 47 30, Mai–Okt. Mi–Mo 10–12 und 14–18 Uhr, Nov.–April Mi–Mo 10–12 und 14–17 Uhr) versäumen, dessen schöner Renaissancehof ebenso bemerkenswert ist wie das

In der Villa Les Colettes ist heute das Musée Renoir eingerichtet

Oben: *Im Grimaldi-Schloss von Cagnes ist das Ölbaum-Museum untergebracht*
Unten: *Flottes Segelboot und eines der Pyramidenhäuser der Urlaubsanlage Marina Baie des Anges in der Nähe von Cagnes*

darin untergebrachte *Musée de l'Olivier* (Ölbaum-Museum). Auch eine kleine Sammlung von Gemälden verdient Beachtung: Es handelt sich durchweg um Arbeiten von Künstlern, für deren Leben und Werk die Côte d'Azur von Bedeutung war: Dufy, Vasarely, Fujita, Picabia u. a. Die nahe gelegene Kapelle **Notre-Dame-de-Protection**, ein von Henri Grimaldi im 17. Jh. vergrößertes Oratorium des 14. Jh., enthält schöne Fresken (16. Jh.).

i Praktische Hinweise

Information

Office de Tourisme, 6, Boulevard Maréchal Juin, Cagnes-sur-Mer, Tel. 04 93 20 61 64, Fax 04 93 20 52 63, www.cagnes-tourisme.com

Hotel

******Le Cagnard**, Rue Sous Barri, Haut-de-Cagnes, Tel. 04 93 20 73 21, Fax 04 93 22 06 39, www.relaischateaux.com. Das Hotel mit Restaurant lässt hinsichtlich komfortabler Ausstattung und Küche keine Wünsche offen.

Restaurant

Le Rêve de Cocagne, 30, Chemin du Pain de Sucre, Cagnes-sur-Mer, Tel. 04 92 13 57 77, www.domainecocagne.com. Raffinierte Küche auf hohem Niveau.

Nizza – Hauptstadt der Côte d'Az

Nizza, die Königin der Riviera, ist einer der glanzvollsten Orte der Mittelmeerküste – traumhaft gelegen, gesegnet mit einer Jahrtausende umfassenden Geschichte und ungemein kontrastreich, was die Verschiedenheit seiner einzelnen Bezirke betrifft: Da gibt es die enge, lebendige Altstadt, repräsentative barocke Paläste und Kirchen, pompöse Promenaden und Boulevards und nicht zuletzt auch exzellente neue Architektur. Nizza, die französische Stadt, die im deutschen Sprachraum mit ihrem italienischen Namen bezeichnet wird, erinnert daran, dass diese Landschaft nicht einfach ein Teil Frankreichs ist. Schon gar nicht, was die gerade hier jahrhundertelang heiß umkämpfte Küste betrifft.

28 Nizza

Plan hintere Umschlagklappe

TOP TIPP

Eine Stadt im Spannungsfeld zwischen Italien und Frankreich, zwischen Vorzeit und Moderne.

Mit Nizza, französisch **Nice**, verbinden sich Assoziationen unterschiedlichster Art. Anders etwa als bei der Nennung des Namens Marseille denkt man durchaus an die Küste, an die Schönheit, an Palmen, das mondäne Leben, die Strandpromenade – bezeichnenderweise heißt sie Promenade des Anglais und ist somit nach den Engländern benannt, die die Stadt als Urlaubsparadies im 19. Jh. entdeckten.

Aber Nizza ist zugleich eine der großen Kulturstädte im Mittelmeerraum, ehemalige Residenz, Regierungsmetropole und nicht zuletzt einer der Orte an der Côte, an der sich Geschichte in ihren architektonischen und künstlerischen Erzeugnissen von der Frühzeit über die Antike hinweg bis hin zur Gegenwart mit außerordentlicher Intensität manifestiert. Denn Nizza – wenngleich nicht die Stadt, so doch die Besiedlung der Region – ist vielleicht noch älter als Marseille, älter sogar als Rom, einer der ältesten kontinuierlich bewohnten Orte der Menschheit.

Nizza breitet sich heute zwischen dem künstlich vergrößerten Schwemmlandkeil, den der *Var* in der Mitte der ›Bucht der Engel‹, der Baie des Anges, angelegt hat, und dem **Mont Boron** aus, an dessen Westhang, in der **Grotte Lympia**, 1873 Steinwerkzeuge gefunden wurden, die auf eine Zeit verweisen, die über 100 000 Jahre zurückliegt. Weitere Grotten wurden in unmittelbarer Nähe entdeckt, weitere Funde – Steinbeile, Zähne, ein Schädelfragment, bearbeitete Feuersteinknollen – erwiesen sich insofern als sensationell, als sie zu den frühesten Zeugnissen menschlicher Anwesenheit in Europa gehören. Näheren Aufschluss gibt das hervorragend gegliederte **Musée de Paléontologie Humaine de Terra Amata**

Erst mit Beginn der 1930er-Jahre stellte man sich an der Côte d'Azur auch auf Sommerurlauber ein

ck auf Nizza und seinen Hafen mit dem Mont Alban im Hintergrund ▷

(25, Boulevard Carnot, Tel. 04 93 55 59 93, www.musee-terra-amata.org, Di–So 10–18 Uhr), das die Stadt bei den Grotten angelegt hat.

Die große Küstenstraße, die erst *Promenade des Anglais* und dann *Quai des États-Unis* heißt, führt vom Flughafen an der Baie des Anges entlang zum Mont Boron. Kurz vor dem Berg ragt der *Colline du Château* empor. Dahinter öffnet sich der Hafen Lympia mit dem **Fischerviertel**. Zwischen Flughafen und Colline du Château weitet sich das Tal und bietet viel Platz für die Ausbreitung der Stadt. Regelmäßige Straßenzüge verraten die Planung des 18. und 19. Jh. Dies also ist die **Winterhauptstadt Europas**, die Stadt der großen Boulevards mit ihren Hotels und Theatern, mit Museen und Kirchen – auch eine russische wurde für den Zaren und sein Gefolge gebaut.

Sein nobles Zentrum ist die **Place Masséna**, von der aus die üppig bepflanzte Parkpromenade des **Boulevard Jean Jaurès** zur Place Garibaldi führt. Der Boulevard trennt die mittelalterliche Stadt von der neueren Stadterweiterung – erst viel weiter im Norden zeigt sich, was es wirklich mit ihm auf sich hat: Es handelt sich nämlich um ein verdoltes Flussbett, das zur Promenade umgestaltete Bett des ungeliebten Paillon. Wasser, so sahen es offenbar die Stadtplaner, gibt es in Nizza genug – auf einen Fluss als belebenden Akzent ließ sich ohne weiteres verzichten. Zumal dem Paillon nicht zu trauen war: Verheerende Hochwasser hatten in der Vergangenheit häufig die Stadt heimgesucht.

Das heutige Nizza reicht weit in den Norden. Dort, im heutigen Stadtteil **Cimiez**, gut 3 km vom Zentrum entfernt, wurden die eindrucksvollen Reste einer **Römerstadt** ausgegraben, die ursprünglich ein eigenes, von Nizza getrenntes Gemeinwesen war. Dort begegnet man *Henri Matisse* wieder und ganz in der Nähe auch *Marc Chagall*. Ein weiteres Museum, dieses aber an der Strandpromenade gelegen, ist *Raoul Dufy* (1877–1953) gewidmet.

Geschichte Keimzelle der Stadt ist – sieht man von den prähistorischen Funden ab – die **Colline du Château**. Dort ließen sich im 5. oder 4. Jh. v. Chr. *griechische Phokäer* nieder. Daneben jedoch gab es, auf einem Hügel im Norden, die Hauptstadt der ligurischen Vediantier, Kemenelon. Aus dem griechischen Namen entstand das römische **Cemenelum**, das heutige Cimiez. Beide Städte bestanden bis zum 6. Jh. n. Chr. unabhängig nebeneinander, Cimiez wurde dann erst im 19. Jh. wieder besiedelt. Eine Verbindung bestand in ligurischer Zeit insofern, als die Bewohner von Kemenelon ihren Hafen am Fuß des späteren Burgbergs hatten. Sie nannten ihn ›Nisse‹, ›Wasserspitze‹, was wohl die Griechen dazu veranlasste, ihrer Gründung den ähnlich klingenden Namen ›Nikaia‹, die ›Siegreiche‹ zu geben. Denn nichts spricht dafür, dass es bei der griechischen Besiedlung zu einer Schlacht gekommen wäre, die zu einem Sieg geführt hätte, vielmehr scheint es, als seien das ligurische Kemenelon und das griechische Nikaia zu-

nächst friedlich miteinander ausgekommen.

Dies änderte sich erst, als die kriegerischen **Kelten** auf den Plan traten und die Ligurer gegen die Griechen mobilisierten. Nun wiederholte sich, was von der Geschichte Massalias her bekannt ist: Die **Römer** wurden zu Hilfe gerufen, sie eroberten und ›befriedeten‹ gewaltsam das Hinterland und gründeten die **Provinz Alpes Maritimae**, auf die sich noch der heutige Name des Departements bezieht. Cemenelum wurde die Hauptstadt der Provinz, die Römer konzentrierten sich auf die Kontrolle des Hinterlandes um ihre Staatsstraße Via Iulia Augusta, die spätere Via Aurelia.

Den **Griechen** wurde ein autonomer Küstenstreifen belassen, der unter der Herrschaft Massalias stand. Es scheint, als sei Nikaia damals weitgehend abhängig von Massalia gewesen. Jedenfalls gab es zwei verschiedene Kulturbereiche nebeneinander; an der Küste sprach man bis ins 2. Jh. hinein griechisch, im Hinterland lateinisch. Erst mit der Ausbreitung des Christentums hat sich allgemein das Latein durchgesetzt.

Mit dem Ende des Weströmischen Reichs kam auch das vorläufige Ende des römischen Cemenelum. Nizza, seit dem 4. Jh. **Bischofsstadt**, blühte auf und gewann, seither ohne Konkurrenz, an Bedeutung. Mit seinem uneinnehmbaren Burgberg behauptete es sich über die Stürme der Völkerwanderungszeit hinweg und legte auch späterhin, wenngleich nominell zur Grafschaft Provence gehörig, größten Wert auf politische Selbstständigkeit. Im 11. Jh. wurde auf dem Burgfelsen eine frühromanische Kathedrale (Weihe 1049) erbaut, um sie herum wuchs eine wehrhafte, befestigte, von Konsuln regierte Stadt, von der frei-

Römische Ruinen in Cimiez

lich heute bis auf wenige Reste nichts mehr vorhanden ist.

Die seit dem 12. Jh. zu Füßen des Burgbergs entstandene Stadt, die heutige Altstadt von Nizza, übernahm mehr und mehr die Bedeutung der alten Oberstadt. Paradoxerweise war es gerade die bisherige Uneinnehmbarkeit der Oberstadt, die schließlich deren Untergang besiegelte: Die von Raymond Bérenger zur Festung ausgebaute ›Akropolis‹ wurde in den Konflikten des ausgehenden Mittelalters zum erbittert umkämpften Grenzposten der damaligen Großmächte.

Der Konflikt begann im 14. Jh. mit den **Erbstreitigkeiten**, die aus dem Abendländischen Schisma (1378–1417) resultierten. Die Gräfin der Provence, **Königin Jeanne**, erkannte nicht den römischen Papst Urban VI., sondern den avignonesischen Gegenpapst Clemens VII. an. Worauf Urban sie zugunsten ihres Erben **Karl von Durazzo** ihrer Herrschaft verlustig erklärte, die gekränkte Königin jedoch ihrerseits Karl enterbte und den zweiten Sohn des französischen Königs, **Ludwig von Anjou**, zum Gouverneur der Provence bestellte.

Inzwischen hatte die Regentin von Neapel, **Margarete von Durazzo**, den **Baron von Beuil**, den ehrgeizigen Spross einer Nebenlinie des mächtigen Hauses Grimaldi, als Gouverneur der Provence eingesetzt. Dieser bat 1388 seine Herrin um Waffenunterstützung beim neuerlichen Versuch der westprovenzalischen Barone, das Land jenseits des Var unter die Herrschaft Anjous zu bringen. Dass die in Neapel in Schwierigkeiten verstrickte Regentin dieses Ersuchen ablehnen würde, war dem geschickten Taktiker von vornherein klar gewesen. So ließ er sich denn die Erlaubnis geben, sich selbst um einen Helfer zu kümmern.

Ein solcher war in der Person von **Amadeus VII.**, dem Sohn des vor Neapel verstorbenen Grafen von Savoyen, augenblicklich zur Stelle, denn die ganze Sache war sorgfältig eingefädelt, jedoch von den Stadtvätern und Bewohnern Nizzas keineswegs als gemeinsamer Schachzug des Grafen und seines Helfers erkannt worden: Der Graf erschien als Beschützer mit dem Reichsbanner, um von seinen eigenen Ambitionen abzulenken, und schloss mit den Vertretern von Nizza einen **Beistandsvertrag**, den diese arglos unterzeichneten.

Der Vertrag räumte ihm für drei Jahre die Herrschaft über die Stadt und das zugehörige Land ein, danach sollte Nizza wieder an das Haus Durazzo zurückfallen – vorausgesetzt, dieses könne endlich die seit 1383 anstehenden Kriegsschulden bezahlen. Da dies nicht der Fall war, blieb Nizza bei Savoyen. 1419 verzichtete Königin Yolanda offiziell auf ihre Lehensansprüche, und der mittlerweile zum Herzog avancierte Graf von Savoyen erließ ihr im Gegenzug großzügig die Kriegsschulden von insgesamt 124 000 Gulden.

Die **Zugehörigkeit zu Turin**, das weit hinter den Bergen lag, brachte Nizza freilich nur Ärger und Nachteile. Zollrechtlich nun sowohl von Frankreich als auch von Genua getrennt, geriet es in eine fatale Isolation. Als 1481 die Provence endgültig an Frankreich gefallen war, wurde das stark befestigte Nizza zum feindlichen Bollwerk.

Wieder und wieder von Frankreich bestürmt, das einmal, 1543, sogar die Türken zu Hilfe geholt hatte, widerstand die Festung dennoch allen Angriffen, bis am 30. März 1691 in einem Turm der Oberstadt 2000 Pfund Pulver explodierten. Ob es sich dabei um einen Unglücksfall oder um Sabotage gehandelt hat, wurde nie geklärt.

Jedenfalls ergab sich der savoyardische Verteidiger, und Nizza hätte nun französisch werden und, wie von Vauban vorgeschlagen, seinerseits zur französischen Festung ausgebaut werden können. Ludwig XIV. gab aber die Stadt im Frieden von Turin 1696 aus taktischen Erwägungen dem Herzog von Savoyen zusammen mit allen anderen von Frankreich eroberten Besitzungen zurück. Wenig später, im Spanischen Erbfolgekrieg, wurde nun die beschädigte Festung erneut erobert. Der mit Frankreich verbündete General Berwick ließ sie 1706 – wiederum gegen den Rat Vaubans – schleifen, im Frieden von Utrecht jedoch wurde die Stadt ein weiteres Mal an Savoyen zurückgegeben.

Das Wechselspiel wiederholte sich noch einmal im Gefolge von Französischer Revolution und Wiener Kongress. Damals wurde auch Genua Savoyen zugesprochen und Nizza sah sich bald durch die neue, von Turin bevorzugte Rivalin empfindlich in den Schatten gestellt. Die Unzufriedenheit wuchs, am 14. April 1860 brachte ein **Volksentscheid** mit der überwältigenden Mehrheit von 6813 Ja- gegen 11 Neinstimmen (allerdings bei etwa 5000 Enthaltungen) den endgültigen **Anschluss an Frankreich**. Napoleon III. wurde im Triumph empfangen, und er versprach, aus Nizza eine blühende Stadt zu machen. Er hielt Wort: Nizza wurde in der Folgezeit mit Geld aus Paris zur ›Königin der Riviera‹ ausstaffiert.

Besichtigung Von der zu einem Park umgestalteten Oberstadt mit ihren prachtvollen Aussichtspunkten und spärlichen Ruinen gelangt man am Südwestende, wo es auch einen Aufzug gibt, zur **Tour Bellanda** 1. Der Turm wurde 1830 an dem Hügel erbaut. Von seiner Terrasse hat man einen schönen Blick auf das Meer. Mit dem Aufzug kann man dann weiter zur Quai des États-Unies und zum Strand fahren. Ein anderer Weg führt von der Oberstadt über Treppen, die von der Allée Professeur Benoît zur Rue Rosetti hinunterreichen, mitten ins lebendige, italienisch wirkende Zentrum der Altstadt.

Hausfassade im Piemonteser Stil am Hafen von Nizza

Im Sommer kann man in der Altstadt von Nizza auch spät abends noch im Freien schlemmen

Zwischen Schlossberg und Promenade des Anglais

Die **Unterstadt** ist in den Kriegen, von denen ausführlich die Rede war, immer die Leidtragende gewesen: Da die Oberstadt nicht eingenommen werden konnte, ließen die Angreifer an ihr ihre Wut aus. So wird verständlich, dass das Gefüge der Gassen und Plätze zwar noch immer kleinteilig-mittelalterlich, die Bausubstanz aber vorwiegend jüngeren Datums ist. Sie zeigt hauptsächlich die Züge eines von Turin und Genua beeinflussten Barock.

Dort, wo die Rue Rosetti die Rue Droite kreuzt, liegt wenige Schritte links die barocke Jesuitenkirche **St-Jacques** 2. Sie wurde 1607–50 nach dem Vorbild von Il Gesù in Rom erbaut und wird deshalb auch Église du Gésu genannt. Rechts erhebt sich in der Rue Droite mit der Hausnummer 15 einer der schönsten Paläste der Stadt: Das **Palais Lascaris-Ventimiglia** 3 (15, Rue Droite, Tel. 04 93 62 72 40, Mi–Mo 10–18 Uhr) wurde 1668 von Jean Baptiste, dem Neffen des Großmeisters des Malteserordens, erbaut. Die Pracht des Inneren deutet sich in der Fassadengestaltung nur eben an: Ein weites Vestibül mit offenem Treppenhaus spricht die Sprache des *Genueser Barock*, im Treppenhaus haben sich Reste der ursprünglichen Bemalung erhalten. *Deckengemälde*, die dem Genueser *Gian Andrea Carlone* (1639–1697) zugeschrieben werden, *Gobelins*, die nach Entwürfen von *Rubens* gefertigt wurden, sowie die im Stil des 18. Jh. eingerichteten *Prunkzimmer* lohnen den Besuch. In der 3. Etage werden kunsthandwerklich und lokalgeschichtlich interessante Objekte sowie Wechselausstellungen gezeigt.

Die Rue Rosetti führt weiter zur **Cathédrale Ste-Réparate** 4 (Place Rosetti). Der Bau, der seit dem 16. Jh. die Funktion einer Nachfolgerin der Kathedrale in der Oberstadt hat, war ursprünglich die Kirche eines Priorats der Mönche von St-Pons (im Norden Nizzas gelegene Benediktinerabtei, gegründet im 8. Jh., heutige Kirche im Renaissancestil, schöne Gartenanlagen). Sie ist der hl. Reparata geweiht, einer Märtyrerin aus der Zeit des Kaisers Diokletian. Vom ursprünglichen Bau sind noch Mauerteile an der Ostseite des Chores zu erkennen (13. Jh.), der Rest des kuppelbekrönten, mit Stuck ausgestatteten Bauwerks stammt aus dem 17. Jh.

Alle Straßen, die von der Kathedrale nach Süden, zum Meer führen, leiten zum unübersehbaren **Palais de la Préfecture** 5 hin, dem einstigen Schloss der Herzöge von Savoyen, die von 1718 an Könige von Sardinien waren und später Könige von Italien wurden. Der elegante Palast mit seinen schlanken ionischen Doppelsäulen stammt aus dem 18. Jh. In seiner Wirkung wird er allerdings ein wenig durch das angebaute **Palais de Justice** 6 beeinträchtigt.

Ungleich bemerkenswerter ist die im rechten Winkel an diesen Baukomplex anschließende, ganz in den Block des früheren Theatinerkonventes einbezogene **Chapelle de la Miséricorde** 7 (Cours Saleya), zweifellos Nizzas bedeutendster Kirchenbau und weit darüber hinaus ein Meisterwerk sensibler und intelligenter Barockarchitektur. Lediglich die zum Cours Saleya hin vorgeblendete Fassade lässt erkennen, dass es sich hier um eine Kirche handelt, von deren Pracht im Inneren der bewusst schlichte Außenbau wenig verrät. Der **Innenraum** der ursprünglich dem Theatinerheiligen Cajetan geweihten Kirche, ein Werk des Guarini-Schülers *Bernardo Antonio Vittoni* (1705–1770), verrät den Einfluss des großen Turiner Meisters. Ein kuppelgewölbtes Oval ist – von außen lediglich in der leichten Schwingung der Fassade erahnbar – einem Quadrat eingeschrieben: Vier halbkreisförmige Seitenkapellen füllen die verbleibenden Ecken aus, das ganze, zweigeschossige, kostbar, aber leicht und elegant ornamentierte System bildet sich sternförmig in der bemalten stuckierten Flachkuppel ab.

Die einstige Theatinerkirche gehört seit 1829 der Archiconfrérie des Pénitens Noirs. Diese Bruderschaft führt ihre Ursprünge in Nizza auf die 1328 gegründete Confrérie de la Miséricorde zurück, eine Gemeinschaft, die sich vor allem der Betreuung der Pestkranken widmete. Zwei wertvolle *Bilder*, die heute in der **Sakristei** der Kirche zu sehen sind, stellen das für die Bruderschaft charakteristische Motiv der ›Vierge de la Miséricorde‹ dar, der Schutzmantelmadonna – jene schöne, innige Darstellung, die zeigt, wie alle Stände der Kirche schutzsuchend unter dem weiten Mantel Mariens Zuflucht finden. Das eine der beiden Bilder stammt von *Louis Bréa* (1485), das andere, um 1430/40 entstanden, stellt in einem dreiteiligen Retabel mit Auszug (Schmerzensmann, Heilige) und Predella (Grablegung, Osterszenen) eine höfisch-elegante, anmutig-menschliche Schutzmantelmaria zwischen die flankierenden Heiligen Cosmas und Damian sowie Sebastian und Gregor. Auffallend ist die Betonung des damals hochverehrten Gürtels der Madonna. Das Retabel ist ein Werk von *Jean Miralhet* (auch Mirailieti oder Mirailhet).

Von der Place Pierre-Gauthier gelangen wir über den berühmten **Marché aux Fleurs** 8 und vorbei am **Théâtre de l'Opéra** 9 (1882–85 von F. Anne) zur rechteckigen, vom Turiner Barock inspirierten **Place Masséna** 10 (1843 entworfen), dem Herzen der Neustadt. Hier beginnen die Anlagen, unter denen ab 1860 der ungeliebte, lange Zeit ungebändigte und unberechenbare Fluss Paillon verschwand.

Die westlich des Platzes beginnende Fußgängerzone Rue Masséna führt zum Stadtmuseum von Nizza, dem **Musée d'Art et d'Histoire**, besser bekannt als **Musée Masséna** 11 (65, Rue de France, Tel. 04 93 91 19 10, Mi–Mo 10–18 Uhr). Der Name ›Masséna‹, der uns ja nun mehrfach begegnet ist, bezieht sich auf den Enkel des Marschalls Masséna, der sich

Ursprünglich ein prunkvolles Palais aus Nizzas großer Zeit: das Musée Masséna

Das elegante Palais Masséna mit seinem Palmengarten birgt das Stadtmuseum von Nizza

dieses Palais zwischen 1899 und 1902 von dem Pariser Architekten Thiercelin erbauen ließ. Berühmter als sein Enkel war der Großvater: Marschall André Masséna war einer jener Generäle, die zunächst zum engsten Kreis um Napoleon Bonaparte gehörten, sich später aber von diesem abwandten und auf die Seite des politischen Gegners Ludwig XVIII. überwechselten.

Das Palais kopiert Lucien Bonapartes Villa in Govone und wurde vom Sohn des Erbauers 1918 der Stadt mit der Auflage geschenkt, die Gärten öffentlich zugänglich zu machen und im Palais selbst ein Museum der lokalen Geschichte einzurichten. Die **Sammlungen** geben einen guten Einblick in die verwirrende Geschichte der Stadt, sehenswert sind neben den heute noch zu städtischen Repräsentationszwecken benutzten Erdgeschossräumen insbesondere die Sammlungen von Malerei der Schule von Nizza (Bréa, Durandi u. a.), Keramik, Waffen, Kunstgewerbe und Volkskunst. Ein Saal erinnert an den aus Nizza stammenden Freiheitskämpfer *Giuseppe Garibaldi* (1807–1882), den Helden des italienischen Risorgimento.

Vom Musée Masséna aus sind es nur ein paar Schritte zur **Promenade des Anglais** ⓬. Viele der prachtvollen Hotels aus der Blütezeit Nizzas sind verschwunden, manche wurden durch belanglose Neubauten ersetzt. Doch gerade an dieser Stelle lohnt sich ein Blick nach rechts und nach links. Im Westen vermittelt das Nobelhotel **Négresco** noch immer zumindest einen Widerschein jener glanzvollen Epoche, als Englands Ladies und Lords hier im lauen Mittelmeerwinter unter Palmen und Sonnenschirmen lustwandelten. Das eigenwillig asymmetrisch gestaltete historische Gebäude mit seiner wahrzeichenhaft aufragenden Kuppel wurde 1912 von *Edouard Niermans* aus Paris erbaut. Nach Osten ist das **Palais de la Méditerranée** als bedeutendes Beispiel einer frühen modernen Architektur zu erwähnen. Das 1929 erbaute Gebäude von dem Architekten Charles Dalmas aus Nizza war ursprünglich eine Spielbank.

Die Promenade des Anglais entstand übrigens ab 1849 als Ergebnis einer Arbeitsbeschaffungsmaßnahme: Der englische Pastor Lewis Way ließ sie mit Kollektengeldern anlegen, um der deprimierenden Arbeitslosigkeit jener Jahre entgegenzuwirken. Zuvor hatte es hier nur einen schmalen Uferweg gegeben.

Die großen Kunstmuseen

Ein gutes Stück weiter westlich, am Hang von Les Baumettes, steht in der Avenue des Baumettes die 1875 im Genueser Stil erbaute **Villa Thompson**. Sie war im Auftrag des russischen Prinzen Koschoubey begonnen worden, der ihre Fertigstellung jedoch nicht mehr erlebte. Diese fand unter dem neuen Besitzer statt, einem reichen Amerikaner namens James Thompson. 1928 gelangte die Villa in den Besitz der Stadt und beherbergt seitdem die sehr bemerkenswerten Sammlungen des auch *Musée Jules-Chéret* genannten **Musée des Beaux-Arts** 13 (33, Avenue des Baumettes, Tel. 04 92 15 28 28, www.musee-beaux-arts-nice.org, Di–So 10–18 Uhr). Sie bestehen aus *Gemälden* und *Skulpturen des 17. bis 19. Jh.* (u. a. von Rodin und Carpeaux) sowie aus *französischer Salonmalerei*, Werke jener vom Bürgertum damals hochgeschätzten akademischen Maler wie Cabanel, Carrière, Couture, Moreau und anderen, gegen die sich die ›Revolutionäre‹ der modernen Kunst, die z. T. ihre Schüler waren, wendeten. Man betrachtet diese ungemein elaborierte, technisch perfekte und schwülstig-pathetische Kunst heute, aus größerem Abstand, differenzierter als noch vor wenigen Jahrzehnten und ist nicht mehr bereit, sie unbesehen zu verurteilen.

Das Museum zeigt aber auch Arbeiten neuerer und heute geschätzterer Künstler, so u. a. *Keramiken* von Picasso und *Gemälde* von Boudin, Camoin, Degas, Monet, Renoir, Signac, Sisley und van Dongen. Bemerkenswert sind die Bestände von *Gustave Adolphe Mossa*, dem eigenwilligen, bei uns kaum bekannten Symbolisten, und von *Raoul Dufy* (1877–1953), dem heiteren Meer-Maler aus Le Havre. Dufys Frau stammte aus Nizza und vermachte ihrer Heimatstadt den Nachlass ihres Mannes.

Noch ein Stück weiter westlich gelangt man zum **Musée International d'Art naïf** 14 (Avenue de Fabron, Tel. 04 93 71 78 33, Mi–Mo 10–18 Uhr), das 1982 dank einer großzügigen Spende von Anatole und Renée Jakovsky am Ende der Promenade des Anglais im Château Ste-Hélène eingerichtet wurde. In dem von einem Park umgebenen Schlösschen sind Gemälde, Skulpturen und Objekte namhafter Künstler zu sehen, von Bauchant bis Vivancos, von Grandma Moses bis O'Brady.

Wieder zurück im Zentrum folgt man von der Place Masséna der Promenade du Paillon. Hier schließen sich an die Anlagen des Square Leclerc die geschickt gestalteten ›hängenden Gärten‹ des Busbahnhofs an, gleich danach das Theater und das **Musee d'Art Moderne et d'Art Contemporain** 15 (Promenade des Arts, Tel. 04 97 13 42 01, www.mamac-nice.org, Di–So 10–18 Uhr). Der imposante Bau, der wie auch das Theater aus der Feder von *Henri Vidal* und *Yves Bayard* stammt, wurde 1990 eröffnet. Zu sehen sind hier *Nouveaux Réalistes* wie Arman, Yves Klein und Martial Raysse, Fluxus mit Ben Vautier, Fillion und George Brecht, amerikanische *Pop Art* – Warhol, Rauschenberg, Lichten-

Nachts fast ein Hauch von Las Vegas: das Prunkhotel ›Négresco‹ an der Promenade des Anglais

Treffpunkt der Freunde der Gegenwartskunst und Wahrzeichen der Stadt: das Musée d'Art Moderne et d'Art Contemporain in Nizza

stein, Oldenburg, Rosenquist – und *Abstraktion*, *Colourfield-Malerei* u.a.m. Der Museumsbau selbst, der einen unübersehbaren städtebaulichen Akzent setzt, steht der Bedeutung seiner Exponate und dem Anspruch hier stattfindender Ausstellungen an architektonischem Rang nicht nach. Sein Zentrum bildet eine mehrstöckige Platzanlage, die einem bedeutenden Sohn der Stadt gewidmet ist, dem in Nizza geborenen *Yves Klein* (1928–1962). Yves Klein hat die unvergleichliche Intensität des Himmels von Nizza zum Ausgangspunkt seiner überwiegend der Farbe Blau gewidmeten künstlerischen Recherchen gemacht.

Ein weiteres architektonisches Highlight ist die **Bibliothèque Louis Nucera** 16 (2, Place Yves Klein, Tel. 04 97 13 48 00, www.bmvr-nice.com.fr, Di/Mi 10–19 Uhr,

Pop Art und Nouveau Realisme im Musée d'Art Moderne et d'Art Contemporain in Nizza

Do/Fr 14–19, Sa 10–18 Uhr), ein riesiger *Quadratschädel,* den die Architekten Yves Bayard und Francis Chapus zusammen mit dem Bildhauer Sacha Sosno entworfen haben. Seine Forsetzung erstreckt sich unter den herrlichen Grünanlagen. Eine außergewöhnliche Licht- und Farbgestaltung vollendet das avantgardistische Meisterwerk. Dem Besucher stehen außerdem eine Videothek und eine Artothek zur Verfügung.

Weiter flussaufwärts folgt das **Palais de Congrès et des Expositions ›Acropolis‹** 17 (1, Esplanade Kennedy, Tel. 04 93 92 83 00, www.nice-acropolis.com), eine Art Centre Pompidou von Nizza, ein gigantisches mulitfunktionales Kulturzentrum, das sich auf zwei Gebäude verteilt. Neben Kongressen finden hier auch Konzerte, Ausstellungen und Theatervorführungen statt.

Das Blau des Himmels von Nizza – die Farbe des Südens und der Ferne – dominiert auch im Schaffen eines der populärsten Künstler des 20. Jh., *Marc Chagall* (1887–1985). Über verschlungene Wege gelangt man vom Musée d'Art Moderne et d'Art Contemporain nach Cimiez

TOP TIPP

zum **Musée ›Message Biblique‹ Marc Chagall** 18 (Avenue Docteur Ménard, Tel. 04 93 53 87 20, www.musee-chagall.fr, Juli–Sept. Mi–Mo 10–18 Uhr, Okt.–Juni Mi–Mo 10–17 Uhr). Das Museum wurde 1972 von André Hermant speziell für Chagalls Gemäldezyklus ›Message Biblique‹ (1954–67) konzipiert und präsentiert heute die bedeutendste Ausstellung seines Lebenswerks, darunter Gemälde, Radierungen, Skulpturen, Glasfenster, Mosaiken, Wandteppiche und Lithografien. Wechselausstellungen zeigen Kunstwerke verschiedenster Völker, Musik und Dichtung unterschiedlichster Kulturen werden zu Gehör gebracht.

Ganz im Sinne des Humanisten Chagall ist es, dass dieses Museum Treffpunkt sein soll für Menschen aller Altersstufen, Konfessionen und Nationen und als eine Begegnungsstätte der Brüderlichkeit da-

Yves Klein, ›Victoire de Samothrace bleue‹, 1962, Nizza, Musée d'Art Moderne et d'Art Contemporain

Alexander Calders monumentale Skulptur steht vor dem Museum für Moderne Kunst

zu beitragen soll, »die Welt der Liebe mit neuen Farben« aufzubauen. So hat er es bei der Eröffnung des Hauses auch ausgesprochen.

TOP TIPP Cimiez 19

Vom Chagall-Museum sind es knapp 1,5 km zu den **Ausgrabungsstätten** des Hügels von Cimiez. Schnurgerade führt der breite, 1866 angelegte **Boulevard de Cimiez** in die einstige Römerstadt, die zum Prominentenviertel ausgebaut wurde. Der Boulevard geriet zur Bühne, auf der man die Großen der Welt auf- und abfahren sah, das französische Kaiserpaar und Königin Viktoria, den Prinzen von Wales und den Herzog von Mountbatten, Könige und Großherzöge, Fürsten und Grafen aus ganz Europa.

Ein wenig vom changierenden Glanz dieser Epoche kann man noch nachempfinden angesichts der pompösen Hotels und Residenzen, die damals gebaut wurden und zum Großteil in Cimiez noch erhalten sind. Sie entschädigen ein wenig dafür, dass im Zentrum von Nizza doch allzu viel Architektur des 19. Jh. der Spitzhacke zum Opfer gefallen ist.

Auch das **Monastère de Cimiez** am Osthang des Hügels passt in dieses Bild, erhielt die im 16./17. Jh. erbaute schlichte Franziskanerkirche mit barockem Portikus von 1662 doch 1845 eine kulissenartig herausgeputzte neugotische Fassade. Das Kloster geht auf eine Filialkapelle der Benediktiner zurück, die zu deren Kloster im nördlichen Stadtteil St-Pons gehörte. Dorthin, nach St-Pons, hatte man den Leichnam des in Cimiez gestorbenen Märtyrers gleichen Namens gebracht, der an der Stelle des heutigen Klosters, in einer der fünf Nekropolen von Cemenelum, begraben worden war.

In der Klosteranlage ist auch das **Musée franciscain** (Tel. 04 93 81 00 04, Mo–Sa 10–12 und 15–18 Uhr) untergebracht, das Leben und Wirken der Franziskanermönche in Nizza vom 13. Jh. bis heute darstellt. Außerdem beherbergen die freskengeschmückten Räume einige bedeutende Kunstwerke, die im Laufe der Jahrhunderte für Kirche und Konvent geschaffen wurden.

Die Klosterkirche **Notre-Dame-de-l'Assomption** (Place du Monastère) in Cimiez ist besuchenswert vor allem wegen dreier Werke der *Schule von Nizza*: Das älteste bisher bekannte Werk des Hauptvertreters dieser Schule, *Louis Bréa*, datiert 1475, ist das klar komponierte, ausdrucksstarke Triptychon einer Beweinung Christi mit flankierenden Heiligen, Martin und Katharina, und klagenden Engeln in der südöstlichen Kapelle. Vom selben Meister, aber 40 Jahre später entstanden, ist das Kreuzigungsretabel von 1512. Das dritte Bild, eine Kreuzabnahme, wird dem Bruder des Louis Bréa, Antonio, zugeschrieben.

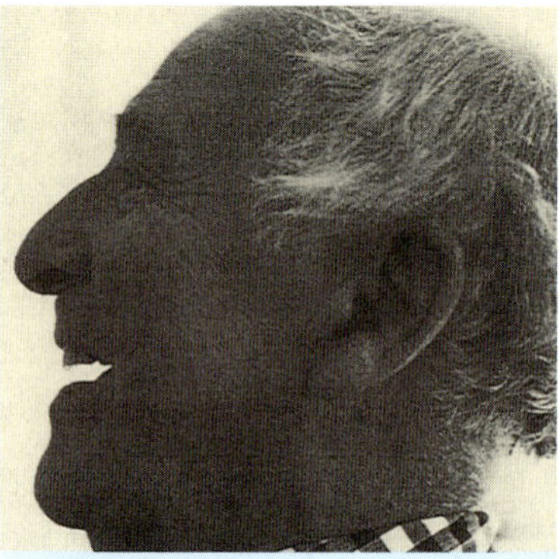

Bunte Bibel – Chagall in Nizza

Marc Chagall, der sich von 1941 bis 1947 in Amerika aufgehalten hatte, ließ sich 1949 in St-Paul bei Vence nieder. Dort entstand zwischen 1954 und 1967 eine Serie großer **Bilder zur Bibel**, die eigentlich für die Chapelle du Rosaire in Vence bestimmt waren. Bald allerdings erkannte Chagall, dass die Bilder den vorgegebenen Rahmen gesprengt hätten. André Malraux konnte den Künstler dafür gewinnen, seine Bibelbilder dem Staat zu überlassen. Im Gegenzug sollte ein **Nationalmuseum** gebaut werden, wofür man eine Stiftung gründete. Chagall erweiterte die geplante Schenkung noch, die aber auf das Bibelthema konzentriert blieb.

Das Musée ›Message Biblique‹ Marc Chagall, das auch architektonisch und in seiner Einbindung in die Landschaft als bemerkenswert gut gelungen zu bezeichnen ist (Architekt: André Hermant), umfasst heute über 450 Arbeiten, davon rund 200 vorbereitende Skizzen zu den großen Ölbildern, außerdem Lithographien, Skulpturen, einen Wandteppich, ein Mosaik, zwei große Glasfenster und ein bemaltes Cembalo.

Was nun die Römerstadt betrifft, so sind die eindrucksvollsten Reste sicher die der **Thermen**, bei denen es sich um einen Komplex von drei verschiedenen Anlagen handelt, die wohl, der Mauertechnik nach zu schließen (wechselnde Lagen von Ziegel- und Haustein), aus dem 3. Jh. n. Chr. stammen. Vermutlich handelte es sich bei den Thermen im Norden um die sog. Magistratsthermen. Von ihnen ist das Kaltwasserbecken, das Frigidarium, am besten erhalten. Im Süden liegt eine Thermenanlage für Männer, im Westen eine für Frauen. In die letztere wurde im 5. Jh. unter Verwendung der vorhandenen Mauern, eine *Kathedrale* gebaut, deren Apsis und Taufbecken (Baptisterium) noch gut zu erkennen sind. Bischof von Cemenelum war damals der vom hl. Honoratus gesandte hl. Valerian, jedoch wurde bereits 466 der Bischofssitz wieder aufgehoben bzw. mit dem von Nizza zusammengelegt.

Westlich der Thermen, wie üblich am (damaligen) Stadtrand, befand sich das Amphitheater **Les Arènes**. Es ist mit 67 m x 56 m eines der kleinsten in Gallien. Allerdings wurde es zweimal vergrößert und bot zum Schluss etwa 5000 Zuschauern Platz.

Die **Villa des Arènes** stammt aus dem 17. Jh. und ruht auf römischen Fundamenten, vermutlich denen des Castrum divisorium des Aquädukts von Mouraille, d. h. der Verteilerstation, in der das Wasser der 5 km entfernten Quelle Tornéo, das über einen Aquädukt nach Cimiez geführt wurde, zu den verschiedenen Verbraucherstellen, u. a. den Magistratsthermen, geleitet wurde.

Die Villa gehörte den Grafen Garin von Coconato, die im Umkreis Grabungen anstellten, um mit dem Gefundenen ihre Privatsammlung zu ergänzen. Erst 1954 begannen systematische Grabungen. 1972 wurde im Erdgeschoss der Villa ein archäologisches Museum eröffnet, das im Obergeschoss durch ein Matisse-Museum ergänzt wurde. Inzwischen haben beide Museen geschickt und dezent ihrer Umgebung eingepasste Neubauten erhalten, funktionale Architekturen von durchaus auch repräsentativem und architektonischem Rang.

Das **Musée Archéologique** (160, Avenue des Arènes, Zugang von der Avenue Montecroce, Tel. 04 93 81 59 57, www.musee-archeologique-nice.org, Mi–Mo 10–18 Uhr), wurde von Wladimir Mitrofanoff konzipiert. Es enthält – mit Blick auf die Ausgrabungen – Funde, die hier, aber auch in der gesamten Region gemacht wurden, so u. a. eine prachtvoll ziselierte Silberschale aus Èze (4. Jh. v. Chr.) und die etruskischen und griechischen Vasen der Sammlung Campana. Insgesamt reichen die Bestände von der Bronzezeit bis ins Mittelalter.

Für das auffällig rote **Musée Matisse** (164, Avenue des Arènes de Cimiez, Tel.

Henri Matisse, ›Odalisque au coffret rouge‹, 1926, Musée Matisse, Nizza

Schön beleuchtet: die Église Sainte Jeanne d'Arc mit ihren markanten Kuppeln

04 93 81 08 08, www.musee-matisse-nice.org, Mi–Mo 10–18 Uhr) zeichnen die Architekten Bodin, Chevalier und Del Furia verantwortlich. Das Gebäude ist diskret mit der oben erwähnten Villa des Arènes verbunden, in der bereits 1963 eine kleine, inzwischen beträchtlich erweiterte Kunstkollektion zu sehen war. 1938 hatte sich *Henri Matisse* (1869–1954) im benachbarten Hotel Régina Palace ein Atelier eingerichtet. Auch seinen Lebensabend verbrachte er in Cimiez. Nach seinem Tod setzte seine Lebensgefährtin Amélie Bareyre einen Gedanken Matisse' in die Tat um, der die Stiftung eines Museums erwogen hatte. Allerdings erlebte sie dessen Eröffnung nicht mehr.

Vom Gesamtbestand (insgesamt 68 Bilder, 57 Skulpturen – das Museum besitzt fast das gesamte plastische Werk –, 236 Zeichnungen, u. a. zur Kapelle von Vence, 218 druckgraphische Arbeiten, 14 illustrierte Bücher, 95 Fotografien sowie 187 Objekte aus Matisses persönlicher Sammlung) wird eine sehr qualitätvolle Auswahl gezeigt. Sie gibt einen Überblick über die Entwicklung des großen Koloristen und Zeichners – von postimpressionistischen Anfängen über die von ihm mit initiierte Phase des Fauvismus (seit 1905) bis hin zu den orientalisierend-ornamentalen Odalisken der 1920er-Jahre und den plakativen Verdichtungen des Spätstils. Wechselausstellungen ergänzen die Präsentation.

Westlich vom Musée Matisse befindet sich die architektonisch interessante **Église Sainte Jeanne d'Arc** (11, Rue Grammont, Tel. 04 93 84 54 60). Die Kirche (1913–33) aus weiß bemaltem Beton hat eine fulminante Raumwirkung, die durch ellipsoide Wölbungen erzielt wird. Sie wird geschmückt von einem originellen, 65 m hohen Kirchturm und drei hohen Kuppeln. An dem Bauwerk verbinden sich gotische Elementen mit afrikanischen Einflüssen. Es gilt als das Hauptwerk des französischen Architekten Jacques Droz.

i Praktische Hinweise

Information

Office de Tourisme, 5, Promenade des Anglais, Nizza, Tel. 08 92 70 74 07 (0,34 €/Min.), Fax 04 89 06 48 03, www.nicetourism.com

Flughafen

Aéroport Nice Côte d'Azur, 7 km westl. vom Stadtzentrum, Tel. 04 89 88 98 28, Fax 04 93 21 31 47, www.nice.aeroport.fr

Bahn

Nice Gare SNCF, Avenue Thiers, Nizza, Tel. 08 92 35 35 35 (0,34 €/Min.), www.

sncf.fr. Der TGV benötigt für die Strecke von Paris nach Nizza 5,5 Stunden. Nebenstrecken führen ins reizvolle Roya-Tal und in die Hochprovence.

Bus

Ligne d'Azur, 3, Place Masséna, Nizza, Tel. 08 10 06 10 06, www.lignedazur.com. Das Verkehrsnetz der Stadtbusse ist sehr dicht, so dass man alle Stadtteile bequem erreicht.

Gare routière, 5, Boulevard Jean Jaurès, Nizza, Tel. 08 92 70 12 06 (0,34 €/Min.). Von dem mit seinen ›hängenden Gärten‹ sehenswerten Busbahnhof gibt es zahlreiche Verbindungen in das Umland.

Schiff

Corsica Ferries, Quai Amiral-Infernet, Nizza, Tel. 08 25 09 50 95 (0,15 €/Min.), Fax 04 95 32 14 71, www.corsicaferries.com. Die Hochgeschwindigkeitsfähren nach Korsika benötigen ca. 3 Stunden für die Überfahrt (April–Nov.).

SNCM Ferryterranée, Gare maritime, Quai du Commerce, Nizza, Tel. 08 25 88 80 88 (0,15 €/Min.), www.sncm.fr. Die Hochgeschwindigkeitsfähren benötigen ca. 3, die traditionellen Fähren 6–8 Stunden für die Fahrt nach Korsika (ganzjährig).

Hotels

TOP TIPP

******Négresco**, 37, Promenade des Anglais, Nizza, Tel. 04 93 16 64 00, Fax 04 93 88 35 68, www.hotel-negresco-nice.com. Das fast schon legendäre Prunkhotel Nizzas ist ein pompöser Palast im historistischen Stil, eingerichtet mit kostbaren Möbeln aus dem 17., 18. und 19. Jh. Von den beiden Restaurants im Haus ist das Chantecler mit einem Michelin-Stern ausgezeichnet.

****La Licorne**, 7, Avenue Santa Fior, Nizza, Tel. 04 93 84 90 78, Fax 04 92 09 11 25, www.hotel-nice-france.net. Nettes kleines Hotel mit gutem Restaurant, etwas außerhalb des Zentrums gelegen.

***Acanthe**, 2, Rue Chauvain, Nizza, Tel. 04 93 62 22 44, Fax 04 93 62 29 77. Einfaches, günstig gelegenes Hotel, nah zum Busbahnhof und zur Altstadt.

Jugendherberge

Auberge de Jeunesse Mont-Boron, Route forestière du Mont-Alban, Nizza, Tel. 04 93 89 23 64, Fax 04 92 04 03 10, www.fuaj.org (Okt.–März geschl.).

Restaurants

Confiserie-Patisserie Auer, 7, Rue François de Paule (gegenüber der Oper), Nizza, Tel. 04 93 85 77 98. Traditionelle, feine Confiserie mit Salon de Thé, Jugendstileinrichtung.

Don Camillo, 5, Rue de Ponchettes, Nizza, Tel. 04 93 85 67 95, www.doncamillo-creations.fr. Originelle, moderne Küche.

Auch die Figuren im Springbrunnen tanzen mit beim Karneval in Nizza

Nizzas Bergwelt – am Massif du Mercantour

Bevor es an der Küste weiter nach Menton geht, sollte man von Nizza aus einen Abstecher in die Berge machen. Der führt in die Welt imponierender, bis zu Höhen um 3000 m aufragender Alpengipfel, die ›Suisse Niçoise‹. Diese wird vom gewaltigen Massiv des **Mercantour** beherrscht. Ein großer Teil des Berglandes um die Täler von Var, Tinée, Vésubie, Roya und Bévéra ist als Parc National du Mercantour geschützt. Der Zugang ist auch von Vence, Menton oder Ventimiglia möglich. Auf dem Ausflug sind einsame, malerische Bergdörfer, bemerkenswerte architektonische und künstlerische Kostbarkeiten zu entdecken. Von Nizza geht es auf der N 202 durch das **Var-Tal** nach Norden, bis man in östlicher Richtung ins **Vésubie-Tal** mit seinen sehenswerten Schluchten, den Gorges de la Vésubie, gelangt.

29 Madone d'Utelle

Marienheiligtum in den Bergen.

Inmitten einer faszinierenden Bergwelt liegt auf 1174 m Höhe einer der in dieser Region zahlreichen, der Gottesmutter geweihten und auf vorchristliche Kulte zurückweisenden Orte. Die Aussicht von der im 19. Jh. erneuerten Kapelle Madone d'Utelle ist überwältigend – sie umfasst das gesamte Panorama der Seealpen, der Alpes Maritimes.

Utelle, das man zuvor durchquert, besitzt eine reich ausgestaltete, dem hl. Veranus (Bischof von Carpentras) geweihte **Kirche** (17. Jh.), die in ihren unteren Teilen noch aus dem 14. Jh. stammt. Beachtung verdienen vor allem die geschnitzten *Türflügel* von 1542 mit Szenen aus dem Leben des Kirchenpatrons sowie das *Verkündigungsretabel*, das ein unbekannter Meister Anfang des 16. Jh. schuf.

30 St-Martin-Vésubie

Zentrum für Alpinismus und Wintersport.

Es fällt auf, dass sich die Häuser von St-Martin-Vésubie im Baustil auffällig von den Villages perchés des Küstenhinterlandes unterscheiden. Die **Chapelle des Pénitents Blancs** und die **Chapelle des**

Pénitents Noirs sind einen Besuch wert, besondert lohnend aber ist der Gang zu der kostbar ausgestatteten, 1130 erstmals erwähnten **Église de l'Assomption** (Juni–Mitte Sept. tgl. 8–19 Uhr). Ihr heutiges Aussehen datiert von 1694, mit ihrem schönen romanischen Turm, ihrer barocken Fassade und dem reich geschnitzten und vergoldeten *Rosenkranzretabel* von 1697. In der zweiten Seitenkapelle links sind zwei *Retabelflügel* von *Louis Bréa* hervorzuheben: Sie stellen die Heiligen Johannes Evangelist, Petronilla, Petrus und Martin dar. Prachtvoll auch der *Prozessionsbaldachin* mit der romanischen Statue einer thronenden Maria, die alljährlich am 2. Juli in feierlicher Prozession zum Heiligtum der **Madone de Fenestre** hinaufgetragen wird und dort bis Ende September bleibt.

Dieses Heiligtum, auf 1903 m Höhe am Ende einer weit in die Bergwelt hinaufführenden Straße gelegen, verdankt seinen Namen nicht dem grandiosen Aus-

Oben: *Louis Bréa, Detail der ›Geburt Christi‹ (Maria), 1595, Stiftskirche St-Martin in La Brigue*
Unten: *Die grandiose Bergwelt von Utelle*

Ländliche Idylle im Vésubie-Tal

Im ruhigen Hinterland – wie hier in Sospel – bleibt immer Zeit für einen Plausch

blick auf die umgebenden Dreitausender, sondern, nicht minder nachvollziehbar – einer volksethymologischen Umdeutung des lateinischen ›Finis Terrae‹: Das Heiligtum befindet sich buchstäblich am Ende der Welt. Wahrscheinlich wurde es an der Stelle eines Jupiterheiligtums errichtet, jedenfalls gehörte es dem Bischof von Nizza, wurde 1136 von Templern betreut, unterstand zuvor der Obhut der Benediktiner. Die heutigen Gebäude wirken ebenso unattraktiv wie zeitlos. Die Kapelle, mehrfach verändert, geht auf das 12. Jh. zurück, ihre bescheidene Ausstattung ist barock – bis auf das eindrucksvolle *Gnadenbild*, das, wie bereits erwähnt, den Winter in St-Martin zubringt.

i Praktische Hinweise

Information

Office de Tourisme, Place Félix Faure, St-Martin-Vésubie, Tel. 04 93 03 21 28, Fax 04 93 03 21 44, www.saintmartinvesubie.fr

Wandertouren

Accompagnateurs en Montagne et Amis des Alpes Méridionales, Rue Cagnoli, St-Martin-Vésubie, Tel. 04 93 03 26 60

Escapade – Les Guides Du Mercantour, Place du Marché, St-Martin-Vésubie, Tel. 04 93 03 31 32, www.guidescapade.com

Hotel

****La Châtaigneraie**, Allée de Verdun, St-Martin-Vésubie, Tel. 04 93 03 21 22, Fax 04 93 03 33 99, www.raiberti.com. Hotel mit beachtlichem Park (Okt.–Mai geschl.).

31 Sospel

Mittelalterliche Brücke und barocke Kathedrale.

Sospel liegt an einem wichtigen Flussübergang. Die **Brücke** (11. Jh.) über die Bévéra bestimmt entscheidend das Stadtbild. Ein Kleinod ist die **Place St-Michel** mit ihrem farbigen Pflaster und den umgebenden Arkadengängen. Die prachtvolle, italienisch anmutende Fassade der 1642 erbauten ehemaligen **Kathedrale** (Turm 11. Jh.) verspricht nicht zuviel: Das *Innere* hat einiges zu bieten – als großzügige, wohl proportionierte Architektur über kreuzförmigem Grundriss mit Vierungskuppel) ebenso wie im Hinblick auf

Die mittelalterliche Brücke über die Bévéra ist das Wahrzeichen von Sospel. Im Hintergrund der Col de Braus

ihre reiche, einheitliche *Ausstattung*, wie z. B. den barocken Hochaltar. In der Kapelle links neben dem Chor sieht man die *Louis Bréa* zugeschriebene ›Immaculata‹, ein Marmortaufbecken mit reich geschnitztem und vergoldetem Holzdeckel und eine Orgel der Gebrüder Agati von 1843.

Praktische Hinweise

Information

Office de Tourisme, 19, Avenue Jean Medecin, Sospel, Tel. 04 93 04 15 80, Fax 04 93 04 19 96, www.sospel-tourisme.com

Hotel

****Auberge Provençale**, Route du Col de Castillon, Sospel, 1,5 km südlich vom Stadtzentrum, Tel. 04 93 04 00 31, Fax 04 93 04 24 54, www.aubergeprovencale.fr. Schön gelegenes Hotel mit Aussicht. Spezialitäten der Küche sind Mangoldtorte und Forelle. (Restaurant Mitte Dez.–Mitte März geschl.).

Restaurant

Auberge du Point Vieux, 3, Avenue Jean Médecin, Sospel, Tel./Fax 04 93 04 00 73. Einfaches, aber gutes Hotelrestaurant im Stadtzentrum.

32 Saorge

TOP TIPP *Faszinierende Einheit von Landschaft und Architektur.*

Saorge ist in jedem Fall eine Reise wert. Die kleine, typisch **ligurische Bergstadt** ist sogar mit der Bahn zu erreichen; erfreulicherweise wurde die ebenso kühne wie malerische *Roya-Tal-Strecke* [s. S. 136] vor einigen Jahren wieder in Betrieb genommen. Hoch auf dem Felsen drängt und entfaltet sich der Ort wie ein Amphitheater, Architektur kristallisiert sich aus dem gewachsenen Stein, Gänge, Treppen, Bögen, Gassen, Kuben, Dächer, Türme bilden einen komplexen, in jeder Hinsicht aber stimmigen Organismus.

Die **Pfarrkirche** repräsentiert den in dieser Gegend häufigen, italienisch anmutenden Typ einer hallenartigen *Säulenbasilika*. Italienisch ist auch die Orgel (1847, Brüder Lingiardi) und Details der barocken Ausstattung. Man möge freilich den Begriff ›italienisch‹ nicht auf die historische Goldwaage legen: Hier dient er lediglich dazu, die Andersartigkeit des Kulturkreises anzudeuten, den wir nun betreten haben. Nicht mehr Marseille oder Aix, sondern Genua und Turin geben den Ton an.

Ein schöner Spaziergang mit reizvollen Ausblicken auf die bunt glasierten Turmhelme der Kirchen und Oratorien (Schwar-

ze und Weiße Büßer) führt an Ölbäumen vorbei zur bewegten Rokokofassade der früheren **Kapuzinerkirche** (Sa 14–16, So 10–12 und 14–16 Uhr). Im zweigeschossigen *Kreuzgang* wird die Legende des Ordensgründers Franziskus erzählt. Über Beichtraum und Sakristei gelangt man in den *Chor* hinter dem durchbrochenen Hochaltar – eine für Kirchen dieses Ordens charakteristische Anordnung. Die Kirche selbst besitzt einen kreuzförmigen Grundriss. Im Inneren sind die beiden *Beichtstühle* bemerkenswert: der eine trägt im ›Obergeschoss‹ die Kanzel, der andere eine Darstellung der Geißelung Christi.

Etwas hangabwärts steht unübersehbar eine erstaunlich rein erhaltene romanische Kirche lombardischen Typs mit hohem, schlankem Campanile und schön gestaffelter Apsidengruppe, die **Chapelle de la Madone del Poggio**. Sie enthält wertvolle *Wandmalereien*, ist aber, da profaniert und in Privatbesitz befindlich, nur nach Voranmeldung zugänglich.

Weiter flussaufwärts führt bei *St-Dalmas-de-Tende* eine kleine Straße ins Tal der Wunder, ins **Vallée des Merveilles** mit seinen außerordentlich beeindruckenden prähistorischen Felsritzungen [s. S. 109].

i Praktische Hinweise

Information

Office de Tourisme, Mairie, Avenue Docteur Joseph Davéo, Saorge, Tel. 04 93 04 51 23, Fax 04 93 04 55 25, www.saorge.fr

Restaurant

Le Bellevue, 5 Rue Louis Périssol, Saorge, Tel. 04 93 04 51 37. Stimmungs- und aussichtsvolles Restaurant mit einigen Gästezimmern (Di geschl.).

33 Tende

Malerisches Bergdorf in der Nähe von bronzezeitlichen Felsritzungen.

Tende ist ein malerisches Bergdorf nahe der italienischen Grenze, dessen Bild durch die Türme einer 1692 zerstörten

◁ *Hoch über dem Roya ›klebt‹ Saorge am Hang – ein einmaliger Einklang von Natur und Architektur*

Burg bestimmt wird. Die Eisenbahnstrecke Nizza–Tende (tgl. 5 Verbindungen) wurde vor einigen Jahren wieder in Betrieb genommen. Lohnend ist der Besuch der Kirche *Ste-Marie-des-Bois* mit ihrem Renaissanceportal. Das Innere ist spätgotisch mit barocker Ausstattung.

Der Ort **La Brigue**, auf dem Weg zur Kapelle Notre-Dame-des-Fontaines [Nr. 34], besitzt eine interessante Kirche: Die romanisch-lombardische ehem. Stiftskirche *St-Martin*, eine dreischiffige Basilika des 13. Jh. mit Portalen von 1234 und 1576, einer ›Geburt Christi‹ von *Bréa* und einem Rosenkranzretabel des 18. Jh., sowie Oratorien mit reizvollen barocken Fassaden. Eines davon, das 1730 erbaute Oratorium der Pénitents Blancs, ist heute Museum.

Tende bietet sich auch als Ausgangspunkt für Ausflüge in den **Parc national du Mercantour** (Tende National Park Centre, Tel. 04 93 04 67 00, www.mercantour.eu) an, der 1979 in dem gleichnamigen Gebirgsmassiv der südlichen Alpen eingerichtet wurde. Der 685 km² große Nationalpark ist Heimat von über 2000 Pflanzenarten sowie Steinböcken, Bartgeiern, Murmeltieren, Mufflons und Wölfen. Im Park gibt es sechs Gipfel, die mehr als 3000 m hoch sind. In seinem Zentrum befinden sich der *Mont Bégo* (2872 m), der einst als heiliger Berg verehrt wurde, und die zwei Täler *Vallée de Fontanalbe* und *Vallée des Merveilles* (Tal der Wunder), die für ihre Felsritzungen aus der Bronzzeit berühmt sind. Die über 35 000 Gravuren, die Tiere, Menschen, Werkzeuge und geometrische Figuren darstellen, wurden vermutlich um 1800–1500 v. Chr. von Hirten angefertigt. Man kann sie auch besichtigen, dies ist allerdings mit ein wenig Mühe verbunden. Erst nach einem mehrstündigen Aufstieg vom Lac des Mèsches kann man in mehr als 2100 m Höhe die ersten Felsritzungen bewundern. 1989 wurden sie zu Naturdenkmälern erklärt. Ihrer Geschichte widmet sich das **Musée de Merveilles** (Tel. 04 93 04 32 50, www.museedesmerveilles.com, Mai–Mitte Okt. Mi–Mo 10–18.30 Uhr, Mitte Okt.–April Mi–Mo 10–17 Uhr) in Tende. In seiner Ausstellung erhält man anhand von Karten, Dioramen und Abgüssen von den eindrucksvollsten Felsritzungen Einblicke in die die Lebensbedingungen und die Kultur der ligurischen Ureinwohner.

i Praktische Hinweise

Information

Office de Tourisme, 1, Avenue du 16 septembre 1947, Tende, Tel. 04 93 04 73 71, Fax 04 93 04 68 77, www.tendemerveilles.com

Wanderungen

Maison de la Montagne Merveilles Mercantour, 1, Avenue du 16 septembre 1947, Tende, Tel./Fax 04 93 04 77 73, www.maisondelamontagne.euro.st

Bérenger Aventures, 6 bis, Rue Sébastien Grandis, Tende, Tel. 04 93 04 77 85, Fax 06 85 42 57 45, www.berenger aventures.com

Hotels

****Le Prieuré**, Rue Jean Médecin, St-Dalmas de Tende, Tel. 04 93 04 75 70, Fax 04 93 04 71 58, www.leprieure.org.

Das angenehme Hotel in einem ehem. Kloster betreibt eine gemeinnützige Organisation mit Arbeitsplätzen für Menschen mit Behinderung. Gute, regionaltypische Küche (Nov.–April geschl.).

****Le Terminus**, Avenue des Martyrs de la Résistance, St-Dalmas de Tende, Tel. 04 93 04 96 96, Fax 04 93 04 96 97, www.hoterminus.fr. Gegenüber vom Bahnhof. Das Restaurant hat eine einfache, gute Küche (Dez.–April geschl.).

34 Notre-Dame-des-Fontaines

TOP TIPP *Die Bilderbibel des Giovanni Canavesio.*

Ein Höhepunkt ganz besonderer Art ist der Besuch der Kapelle Notre-Dame-des-Fontaines. Vier Kilometer außerhalb von **La Brigue** gelegen, über sieben Quellen errichtet, beherbergt das seit dem 14. Jh. nachweisbare, mit Sicherheit aber ungleich ältere Heiligtum den größten **Freskenzyklus** Südfrankreichs. 1492 führte der Priestermaler *Jean* (oder *Giovanni*) *Canavesio* die Malereien von hoher Qualität aus. Sie überziehen als eindrucksvolle, sehr lebendige ›Bilderbibel der Armen‹ (Biblia pauperum) alle Wände – vergleichbar in Umfang und Art der Anordnung den Malereien der freilich älteren Arenakapelle Giottos in Padua.

Es lohnt, diesen ungemein erzählfreudigen Zyklus Motiv für Motiv zu betrachten: Die Bilderreihe beginnt an der **Chorwand über dem Triumphbogen** rechts mit der Begegnung Joachims und Annas an der goldenen Pforte, von der die Bibel berichtet, links folgt Mariä Geburt, dazwischen sind Tempelgang und Verlobung Mariens dargestellt.

In den **Zwickeln des Triumphbogens**, an exponierter Stelle, wird auf die entscheidende Begegnung von Himmel und Erde verwiesen: Dargestellt ist die Verkündigung, links (von oben) folgen Geburt Christi, Anbetung der Könige und der Bethlehemische Kindermord, rechts Beschneidung, Flucht nach Ägypten und Darbringung im Tempel.

Das **Langhaus** ist der Passion gewidmet. Vom Chor her rechts, obere Reihe: Einzug Jesu in Jerusalem, Abendmahl, Fußwaschung, Verhandlung des Judas mit den Hohepriestern, Ölberg, Judaskuss, Jesus vor Hannas. Untere Reihe, von links: Kaiphas, Geißelung, Verspottung, Jesus vor Pilatus, Dornenkrönung, Jesus vor Herodes, Jesus im Purpurmantel.

Diese sehr ausführliche und anschauliche Passionsschilderung wird auf der **linken Wand**, vom Eingang aus, fortgesetzt. Diesmal stehen die Szenen der oberen und der unteren Reihe in enger Beziehung zueinander. Von links nach rechts: Dornenkrönung (oben), Pilatus wäscht seine Hände in Unschuld (unten). Ecce Homo (oben), Kreuztragung (unten), Judas geht und wirft das Geld in den Tempel (oben), Jesus fällt unter dem Kreuz (unten). Der Selbstmord des Judas wird in denkbar drastischer Weise an zentraler Stelle vor Augen geführt – sicher nicht von ungefähr in unmittelbarer Nähe konfrontiert mit dem Kreuzestod Christi, der zwei ›Stockwerke‹ einnimmt – seliger und unseliger Tod.

Das offensichtlich didaktisch-psychologisch ausgerichtete Programm endet mit Kreuzabnahme und Grablegung (oben), Auferstehung und Abstieg Christi in die Vorhölle (unten) sowie einem dramatischen und detailreichen Jüngsten Gericht auf der **Eingangswand**.

Ewige Seligkeit wird im **Chor** exemplarisch vergegenwärtigt mit Darstellungen des Marientodes und der Aufnahme Mariens in den Himmel – der Kreis zum Beginn des Bilderzyklus' schließt sich. Diese Fresken stammen von *Jean Baleison* und wurden erst 1959 freigelegt.

Angemerkt sei noch, dass es in dieser entlegenen Bergwelt zwischen Var und Roya zahlreiche uralte und malerische **Bergdörfer** gibt, in denen sich z. T. beachtliche Kunstwerke, z. B. das Retabel von François Bréa in **Châteauneuf-d'Entraunes** und die Verkündigung von Louis Bréa in **Lieuche**, erhalten haben, von den landschaftlichen Schönheiten ganz zu schweigen.

i Praktische Hinweise

Information

Bureau Municipal du Tourisme, 26, Avenue du Général de Gaulle, La Brigue, Tel./Fax 04 93 79 09 34, www.labrigue.fr

Hotel

****Mirval**, 3, Rue Vincent Ferrier, La Brigue, Tel. 04 93 04 63 71, Fax 04 93 04 79 81, www.lemirval.com. Empfehlenswertes Hotel mit Restaurant und schöner Aussicht auf den Fluss und eine Brücke (Nov.–März geschl.).

Von Nizza nach Menton – Traumstraßen an der Küste

Die Straßen, die von **Nizza** nach **Menton** führen, sind überwältigend. Jede dieser drei faszinierenden **Corniches** hat ihren eigenen Reiz. Die untere *Corniche Inférieure* führt größtenteils direkt am Strand entlang. Auf der mittleren, *Corniche Moyenne*, gelangt man zu uralten Städtchen wie **Èze** mit seinem berühmten Altstadtkern auf dem Felsen. Sie bietet die schönsten Ausblicke auf die Berglandschaft und auf das Meer. Auch von der am höchsten gelegenen *Grande Corniche* hat man faszinierende Ausblicke auf blaue Buchten und weiße, Palmen bestandene Strände. Zwischen Nizza und Menton, das mit prähistorischen Grotten und exotischen Gärten aufwartet, liegt das glitzernde Fürstentum **Monaco**.

35 Villefranche-sur-Mer

Cocteaus Kapelle der Fischer.

Die **Untere Corniche**, *Corniche Inférieure*, eine der drei aufregenden Straßen zwischen Nizza und Menton, führt in das malerische Villefranche zwischen Mont Boron und Cap Ferrat, das wegen seiner natürlichen Bucht schon im Altertum ein wichtiger **Hafenplatz** war. Die Ligurer, die hier ansässig waren, pflegten lebhafte Handelsbeziehungen mit den Griechen auf dem Cap Ferrat.

Vor den anstürmenden Sarazenen flüchteten die Bewohner auf den Hügel von St-Michel, wo die Ligurer zum Schutz ihres Hafens bereits ein Castrum errichtet hatten. Der Hafen wurde erst Ende des 13. Jh. zu neuem Leben erweckt. Damals beschloss Karl II. von Anjou, ihn zu seinem Stützpunkt in der Provence auszu-

Blick auf den Hafen von Villefranche-sur-Mer

bauen. Die Bewohner wurden mit der Zusicherung von Steuerfreiheit – daher der neue Ortsname Villefranche (Freistadt) – bewogen, sich wieder an der Küste anzusiedeln.

Fortan spielte Villefranche (oder Villafranca) eine wichtige **strategische Rolle**: Von hier aus organisierten Frankreich und Savoyen ihren Krieg gegen Genua, hier ließen sich – vorübergehend – die Johanniter nieder, als sie 1525 von Rhodos vertrieben wurden. 1557 ließ Herzog Emmanuel-Philippe von Savoyen den Ort als Hafen und Festung ausbauen.

In der **Citadelle** sind heute zwei Künstlermuseen untergebracht: Das **Musée Volti** (Tel. 04 93 76 33 27, Juni–Sept. Mo–Sa 10–12 und 14–18.30, So 14–18.30 Uhr, Okt., Dez.–Mai Mo–Sa 10–12 und 14–17.30, So 14–17.30 Uhr, Nov. geschl.) mit Arbeiten des aus Villefranche stammenden, gleichnamigen Künstlers und das **Musée Goetz-Boumeester** (Kontakt und Öffnungszeiten wie Musée Voti), dessen rund 100 Werke eine Schenkung des 1909 geborenen Malers Henri Goetz und seiner Frau Christine Boumeester sind. Zu sehen sind außerdem Werke ihrer berühmten Künstlerfreunde, z. B. Picasso, Picabia, Miró und Hartung.

Sehenswert sind in Villefranche die **Rue Obscure**, die gedeckte Straße, die unter den Häusern der Altstadt hindurchführt, und die im 14. Jh. erbaute Hafenkapelle **St-Pierre** (sommers Di–So 9.30–12 und 15–19 Uhr, winters Di–So 10–12 und 14–18 Uhr), die den Fischern als Lagerhalle diente, bis **Jean Cocteau** (1889–1963) ihren Innenraum 1957 neu gestaltete und sie wieder dem hl. Petrus, dem Schutzpatron der Fischer, geweiht wurde.

Cocteaus Duktus ist jugendstilhaft ornamental. Mit einfachen, dekorativen Motiven akzentuiert er fantasievoll die architektonischen Formen, die sich, wie in der Provence häufig, auch im 14. Jh. noch an der romanischen Tradition orientieren. Die großen Wandfelder bieten sich für szenische Darstellungen an. Im Vorraum erinnert Cocteau an die Mädchen von Villefranche (links) und die ›Zigeuner‹ von Stes-Maries-de-la-Mer, im Schiff konzentriert er sich auf die Petruslegende. Auch die Leuchter im Chor sowie zu beiden Seiten der Eingangstür hat Cocteau entworfen. Zusammen mit der Tür ergeben sie ein eigenartig suggestives Gesicht.

Praktische Hinweise

Information

Office de Tourisme, Jardin François Binon, Villefranche-sur-Mer, Tel. 04 93 01 73 68, Fax 04 93 76 63 65, www.villefranchesurmer.fr

Hotel

*****Welcome**, 3 Quai Amiral Courbet, Villefranche-sur-Mer, Tel. 04 93 76 27 62, Fax 04 93 76 27 66, www.welcomehotel.fr. Wunderschön gelegenes Hotel. Schon Jean Cocteau und Kiki de Montparnasse logierten hier.

Jean Cocteau schmückte die Fischerkapelle von Villefranche mit Szenen aus dem Leben des hl. Petrus. Hier: ›Die Verleugnung des Petrus‹

36 Beaulieu und Cap-Ferrat

Traumvillen am Meer.

Wegen seines tropischen Klimas erhielt der Ort **Beaulieu** den Titel ›Kleines Afrika‹. Darüber hinaus birgt er eine besonders reizvolle Sehenswürdigkeit, TOP TIPP die **Villa Kérylos** (Impasse Gustave Eiffel, Tel. 04 93 01 01 44, www.villa-kerylos.com, Juli/Aug. tgl. 10–19 Uhr, Mitte Februar–Juni, Sept.–Mitte Nov. tgl. 10–18 Uhr, Mitte Nov.–Mitte Jan. Mo–Fr 14–18, Sa/So 10–18 Uhr). Der Archäologe Theodor Reinach ließ sich die Villa 1902–10 im Stil der griechischen Antike erbauen. Dabei sparte er nicht an kostbaren Materialien und aufwendiger Gestaltung. Auch die herrliche Lage erinnert an die Ufer der Ägäis.

Bei der Weiterfahrt erreicht man auf engen Straßen die Halbinsel **Cap Ferrat**. Hier hat sich Béatrice Ephrussi, die Schwester des Barons Édouard de Rothschild, 1912 einen französischen Park im Stil Le Nôtres und eine venezianische Villa errichten lassen. Die bezaubernde Villa Île de France ist heute als TOP TIPP **Villa Ephrussi de Rothschild** (Saint-Jean-Cap-Ferrat, Tel. 04 93 01 33 09, www.villa-ephrussi.com, Juli/Aug. tgl 10–19 Uhr, Mitte Februar–Juni, Sept.–Mitte Nov. tgl. 10–18 Uhr, Mitte Nov.–Mitte Jan.

Oben: *Historische Rekonstruktion mit musealen Versatzstücken: die Rothschild-Villa Île de France in St-Jean-Cap-Ferrat (heute Nationalmuseum)*
Unten: *Blick vom Burgberg bei Èze auf das Cap-Ferrat*

Mo–Fr 14–18, Sa/So 10–18 Uhr) ein Nationalmuseum. Die sehenswerte Sammlung enthält Kostbarkeiten aus allen Epochen vom 14. bis zum 19. Jh., wobei das 18. Jh. besonders gut vertreten ist. Neben Möbeln, Teppichen und Porzellan gibt es vorzügliche Gemälde, u. a. von Boucher und Coypel zu bewundern.

i Praktische Hinweise

Information

Office de Tourisme, 59, Avenue Denis Séméria, St-Jean-Cap-Ferrat, Tel. 04 93 76 08 90, Fax 04 93 76 16 67, www.ville-saint-jean-cap-ferrat.fr

Hotels

****Grand Hôtel du Cap-Ferrat**, Boulevard Général de Gaulle, St-Jean-Cap-Ferrat, Tel. 04 93 76 50 50, Fax 04 93 76 04 52, www.grand-hotel-cap-ferrat.com. Luxushotel mit Park und exklusiver Küche (Okt.–April geschl.).

L'Oursin, 1, Avenue Séméria, St-Jean-Cap-Ferrat, Tel. 04 93 76 04 65, Fax 04 93 76 12 55, www.hoteloursin.com. Sympathisches Hotel am Hafen.

Restaurants

La Reserve de Beaulieu, Boulevard du Maréchal Leclerc, Beaulieu-sur-mer, Tel. 04 93 01 00 01, www.reservebeaulieu.com. Wunderbare, provenzalische Küche mit moderner Note. Dafür gab es zwei Michellin-Sterne. Von der Terrasse hat man einen schönen Blick auf die Bucht (Mo geschl.).

Le Sloop, am Port de Plaisance, St-Jean-Cap-Ferrat, Tel. 04 93 01 48 63. Gute regionale Küche (winters Mi geschl.).

37 Èze

Der Felsen des Zarathustra.

Èze liegt an der Mittleren Corniche, der Corniche Moyenne, doch ist der Ort auch von der Küste aus erreichbar: Friedrich Nietzsche vollendete hier 1883 sein Werk ›Also sprach Zarathustra‹. Den Schluss, so notiert er, habe er sich »während eines äußerst mühseligen Anstiegs vom Bahnhof zu dem wunderbaren, inmitten von Felsen erbauten maurischen Dorf Èze« ausgedacht.

Nahezu senkrecht steigen hier die Felsen auf fast 430 m hoch. Die Aussicht vom **Jardin d'Èze** (Rue du Château, Tel. 04 93 41 10 30, Juli/Aug. tgl. 9–20 Uhr, Sept.–Juni tgl. 9 Uhr bis zur Dämmerung) ist überwältigend. Die reizvolle Anlage mit vielen exotischen Pflanzen, Kakteen und Skulpturen setzt einen zusätzlichen Akzent. In weniger romantischen Zeiten wusste man diese Lage auch aus strategischen Gründen zu schätzen. So verwundert es keineswegs, dass sich hier im 6. Jh. eine ligurische Flieh-

TOP TIPP

Am Strand von Beaulieu kann man sich sonnen, baden und die Villa Kerylos betrachten

Das Felsennest Èze und die Ruinen seiner mittelalterlichen Burg

burg befunden haben soll. Im Mittelalter entstanden an dieser Stelle ausgedehnte Wehranlagen, die unter Ludwig XIV. wieder verschwinden mussten. Immerhin blieb das malerische **Stadttor** erhalten.

i Praktische Hinweise

Information

Office de Tourisme, Place du Général de Gaulle, Èze, Tel. 04 93 41 26 00, Fax 04 93 41 04 80, www.eze-riviera.com

Hotels

TOP TIPP ****Château de la Chèvre d'Or, Rue du Barri, Èze, Tel. 04 92 10 66 66, Fax 04 93 41 06 72, www.chevredor.com. Luxushotel, das nur zu Fuß erreicht werden kann. Die exzellente Küche des Restaurants wurde mit zwei Michelin-Sternen ausgezeichnet.

****Château Eza**, Rue de la Pise, Èze, Tel. 04 93 41 12 24, Fax 04 93 41 16 64, www.chateaueza.com. Das Traumhotel ist nur zu Fuß erreichbar. Es bietet hinreißende Ausblicke und eine ebensolche Küche (Nov.–März geschl.).

Restaurant

Le Troubadour, Rue du Brec, Èze, Tel. 04 93 41 19 03. Traditionelle Küche mit provenzalischen Spezialitäten (So/Mo geschl.)

38 La Turbie

Das Siegesmonument des Augustus.

Auf der Oberen Corniche, *Grande Corniche*, erreicht man den schönen Ort La Turbie mit der bemerkenswerten Barockkirche **St-Michel**. In jedem Fall lohnt sich ein Abstecher wegen der gewaltigen, zwischen dem 1. Juli 7 v. Chr. und dem 30. Juni 6 v. Chr. errichteten Siegestrophäe, die dem Ort einst seinen Namen gegeben hat: TOP TIPP **La Turbie** (Avenue Albert 1er, Tel. 04 93 41 20 84, www.monum.fr, Mitte Mai–Mitte Sept. Di–So 9.30–13 und 14.30–18.30 Uhr, Mitte Sept.–Mitte Mai Di–So 10–13.30 und 14.30–17 Uhr). Das für römische Verhältnisse ganz und gar ungewöhnliche, 40 m hohe Denkmal an der Via Iulia Augusta, der späteren Via Aurelia, feiert den Sieg über die lange Zeit heftig gegen das Römische Reich opponierenden Alpenstämme, mit dem Augustus einen entscheidenden Schlussstein in das Gebäude seiner neuen, befriedeten Weltordnung (*Pax Augustana*) setzte.

Das Monument am höchsten Punkt der neu angelegten Straße (*Alpis summa*) markiert die Grenze zwischen Gallien und Italien – ein Umstand, auf den später mehrfach der piemontesische Staatsmann Cavour abhob, als er sich im Zuge der italienischen Einigungsbewegung vergebens um die Angliederung Nizzas an Italien bemühte. Allerdings wurde die berühmte Inschrift HVC VSQUE ITALIA/

AB HINC GALLIA (›Bis hierher reicht Italien, ab hier beginnt Gallien‹) erst unter Diokletian angebracht.

Im Mittelalter wurde das in drei Stufen terrassenförmig aufgebaute, von einer Augustusstatue bekrönte Monument zwar als heidnisch zerstört, aber nicht völlig vernichtet. Als Teil mehrerer Wehranlagen blieb es im Kern erhalten, bis es bei den Sprengungen der Befestigung im Spanischen Erbfolgekrieg (1705) dann doch stark beschädigt wurde.

Im frühen 20. Jh. bemühte man sich um eine Rekonstruktion dieses Monuments. Was heute zu sehen ist, enthält immerhin zahlreiche, sorgfältig wieder zusammengesetzte Originalteile, darunter die Inschrift, die in Übersetzung lautet: »Dem Cäsar Augustus Imperator, dem Sohn des göttlichen Cäsar, dem Obersten Priester, im 14. Jahr seiner kaiserlichen Macht und im 17. Jahr seines Amtes als Volkstribun – der Senat und das Volk von Rom – weil unter seiner Führung und Weitsicht alle Volksstämme der Alpen [sie werden anschließend aufgezählt] vom Adriatischen bis zum Tyrrhenischen Meer der Autorität des Volkes von Rom unterworfen worden sind.«

Augustus errichtete das Monument von La Turbie zum Zeichen der Befriedung ganz Galliens

39 Monaco und Monte Carlo

Besuch im Zwergstaat des Fürsten Grimaldi.

Das Fürstentum Monaco erstreckt sich an einem 4,1 km langen Küstenabschnitt des Mittelmeers zu Füßen eines Felsens. Am Küstenstreifen von **Monte Carlo** liegt der Hafen **La Condamine** und die Unterstadt **Fontvieille**, die man dem Meer abgewonnen hat. Mit seiner Größe von 1,95 km^2 ist Monaco nach Vatikanstadt der kleinste Staat der Welt. Auf engstem Raum streben hier die Wolkenkratzer gen Himmel. Sie erst ermöglichen, dass Monaco mit seinen rund 33 000 Einwohnern die höchste Einwohnerdichte aller Staaten hat. Vor allem bei den Reichen der Welt ist Monaco als Wohnsitz begehrt, da hier weder Einkommensteuer noch Erbschaftsteuer erhoben werden.

Geschichte Der Name Monacos ist vermutlich griechischen Ursprungs. Im 5. Jh. v. Chr. errichteten griechische Siedler auf seinem Gebiet einen Tempel zu Ehren des Gottes Herakles Monoikos. Aus seinem Beinamen, der ›der Einzigartige‹ bedeutet, soll sich sich der Landesname entwickelt haben.

Im Jahr 1191, als Monaco Teil des Heiligen Römischen Reiches war, stellten die Kaiser Friedrich Barbarossa und Heinrich VI. die Küstenregion unter die Kontrolle Genuas. Der 10. Juni 1215 gilt als das Gründungsdatum Monacos. An diesem Tag begann der Bau einer genuesischen Grenzfestung auf dem Felsen von Monaco, wo sich heute der fürstliche Palast der Grimaldi befindet. Die Herrschaft der Grimaldifamilie begann am 8. Januar 1297, als ihre Soldaten als Franziskanermönche verkleidet die Festung eroberten. Nach vier Jahren wurden sie allerdings wieder vertrieben. 1341 gelang es Charles I. Grimaldi, Monaco für seine Familie zurückzuerobern. Am 25. Februar 1489 erhielt Monaco dann vom französischen König Karl VIII. seine Unabhängigkeit. Diese ist jedoch an das Bestehen der Grimaldi-Dynastie gebunden. Ein Vertrag mit Frankreich regelt, dass Monaco im Falle eines Aussterbens der Dynastie an Frankreich fällt. In dem Schutzvertrag, der am 17. Juli 1918 festgelegt und im Oktober 2002 erneuert wurde, garantiert Frankreich die Unabhängigkeit und Souveränität Monacos. Die Regierung von Monaco ist je-

Hafen, Felsen und Hochhäuser, auf engstem Raum gedrängt, bilden den Zwergstaat Monaco

doch dazu verpflichtet, in wichtigen Fragen Frankreich zu konsultieren.

Fürst Rainier III., der Monaco von Mai 1949 bis März 2005 regierte, war ausgesprochen populär. Nicht zuletzt seine Heirat mit der amerikanischen Schauspielerin Grace Kelly, die daraufhin den Titel Fürstin Gracia Patricia erhielt, sorgte dafür, dass der kleine Staat internationale Aufmerksamkeit erlangte. Seit dem Tode von Fürst Rainier III. am 6. April 2005, leitet sein Sohn Albert die Regierungsgeschäfte. Die offizielle Krönung von Albert II. zum 30. Fürsten von Monaco erfolgte am 12. Juli 2005.

Besichtigung Einen schönen Auftakt für einen Rundgang durch Monaco bildet der reizvolle **Jardin exotique** (62, Boulevard du Jardin Exotique, Tel. 00377/93152980, www.jardin-exotique.mc, tgl. 9 Uhr bis Sonnenuntergang), in dem man eine Vielzahl von Sukkulenten und ihre farbenfrohen Blüten bewundern kann.

In dem Jardin exotique befindet sich das sehenswerte **Musée d'Anthropologie Préhistorique** (56 bis, Boulevard du Jardin Exotique, Tel. 00377/98988006, www.map-mc.com, tgl. 9–17.30 Uhr), das prähistorische archäologische Funde aus der nahen **Grotte de l'Observatoire** zeigt. Die Objekte wie menschliche Skelette, Waffen und Werkzeuge stammen aus dem Paläolithikum, dem Neolithikum und der Bronzezeit und bezeugen die kulturellen Ursprünge der Menschheit. Die Grotte, in der es Stalagtiten, Stalagmiten und Felsspalten zu sehen gibt, kann im Rahmen einer Führung besichtigt werden.

Einen architektonischen Glanzpunkt setzt das **Casino** (Place du Casino, Tel. 00377/98062121, www.casinomontecarlo.com), das aus der Gründerzeit stammt. Es wurde 1865 begonnen und seitdem mehrfach verändert. Die Kuppel und das integrierte Theater (1878/79) gehen auf

Wachablösung vor dem Fürstenpalast

Das Casino von Monaco an der Place du Casino

Entwürfe des Architekten *Charles Garnier* zurück, der auch die Pariser Oper entwarf. Eine besondere Bedeutung für Monaco bekam das Casino, als 1871 in Frankreich und Deutschland das Glücksspiel verboten wurde. In dieser Zeit erlebte der Staat einen enormen wirtschaftlichen Aufstieg.

Garnier war auch der Architekt der für den Bankier Sauber erbauten Villa, in der heute das **Musée National Poupées et Automates d'autrefois** (17, Avenue Princesse Grace, Tel. 00377/98989126, www.monte-carlo.mc/musee-national, tgl. 10–18 Uhr) untergebracht ist, eine einzigartige Sammlung von Automaten und beweglichen Puppen.

Informativ ist auch das kühn auf den Steilhang des Felsens gebaute **Musée Océanographique** (Avenue Saint-Martin, Tel. 00377/93153600, www.oceano.mc, Juli/Aug. tgl. 9.30–19.30 Uhr, April–Juni, Sept. tgl. 9.30–19 Uhr, Okt.–März tgl. 10–18 Uhr), eine auch als Forschungsinstitut renommierte Einrichtung. Das Museum wurde von Fürst Albert I. (1848–1922) gegründet, der ein exzellenter Seefahrer und Wissenschaftler war. Es zeigt die Ergebnisse seiner jahrelangen Forschung. Neben dem Museum laden die **Jardins St-Martin** zu einem Spaziergang ein.

Die neoromanische **Cathédrale St-Nicolas** (1875–84) beherbergt im rechten Querhaus ein Bréa-Retabel. In ihr befindet sich auch das Grab von Fürstin Gracia Patrizia. In der Cathédrale werden die oft prächtigen Hofzeremonien abgehalten.

Sitz des Fürsten ist das **Palais Princier du Monaco** (Place du Palais, Tel. 00377/93251831, www.palais.mc, Mai–Sept. tgl. 9.30–18 Uhr, April tgl. 10.30–17.30 Uhr, Okt. tgl. 10–17 Uhr), ein privates Schloss, von dem einige Räume besichtigt werden können, darunter der Salon Bleu für die offiziellen Empfänge und die Salle du Thrône, in welcher der Fürst vereidigt wird. Auch ein kleines *Musée Napoléon* mit Büsten, Auszeichnungen und Objekten von den Schlachtfeldern kann besichtigt werden. Gegenüber vom Fürstenpalast steht mit dem **Haus der Wachen** ein schönes Barockhaus. Hier findet täglich um 11.55 Uhr die Wachablösung statt.

Fürst Rainier III. war ein passionierter Sammler historischer Automobile. Die restaurierten Wagen kann man in der **Collection de Voitures Anciennes de S.A.S. le Prince de Monaco** (Les Terrasses de Fontvieille, Tel. 00377/92052856, www.mtcc.mc, tgl. 10–18 Uhr) besichtigen. Die Sammlung besteht aus über 85 Wagen von renommierten Firmen wie Renault, Peugeot, Bentley, Citroën, Ford und Chevrolet. Sie ist im *Centre Commercial de Fontvieille* untergebracht.

Zum Abschluss des Stadtrundganges sollte man sich einen Besuch in der herzförmig angelegten **Roseraie** in Fontvieille nicht entgehen lassen. Der Rosengarten mit über 180 verschiedenen Rosenarten ist Fürstin Gracia Patricia gewidmet.

Einen Spaziergang der besonderen Art durch Monaco bietet der **Chemin des Sculptures** mit Skulpturen von renommierten Künstlern wie César und Botero, die über das Fürstentum verteilt sind. Nähere Infos gibt das Office de Tourisme.

Praktische Hinweise

Vorwahl

003 77

Information

Office de Tourisme de Monaco, 2 a, Boulevard des Moulins, Monte Carlo, Monaco, Tel. 003 77/92 16 61 16, Fax 003 77/92 16 60 00, www.visitmonaco.com

Hotels

******Hôtel de Paris**, Place du Casino, Monaco, Tel. 003 77/92 16 30 01, Fax 003 77/92 16 69 21, www.palaces.monaco-hotel.com. Prunkvolles Luxushotel mit einer langen Tradition.

*****Miramar**, Avenue du Président John F. Kennedy, Monaco, Tel. 003 77/93 30 86 48, Fax 003 77/93 39 26 33, www.hotel-miramar.mc. Zentral gelegenes Hotel mit Blick auf den Fürstenpalast und den Hafen.

Restaurants

TOP TIPP **Le Louis XV**, Place du Casino, Monaco, Tel. 003 77/98 06 88 64, www.alain-ducasse.com. Gourmetrestaurant in einem prunkvollen Barocksaal des Hôtel de Paris. Ausge-

Himmelfahrtsrennen

Das spektakuläre Ereignis, der **Grand Prix de Monaco**, findet seit 1929 alljährlich am Himmelfahrtswochenende in **Monte Carlo** statt. Seit 1955 ist er regelmäßiger Bestandteil der **Formel 1**. Schon Monate vor dem Grand Prix, der für eine knappe Woche den Zwergstaat in Atem hält, während Zäune errichtet und Netze gespannt werden, beginnt ein zweites, nicht minder erbittertes Rennen: Das um die 40 000 Tribünenplätze, die entlang der gewundenen Straßen angelegt werden.

Ist es dann endlich soweit, so dröhnen die Motoren und die Rennwagen drehen 78 Runden auf dem **Circuit de Monaco**. Die Autos sind für Sekunden zu sehen und sofort wieder hinter der nächsten Biegung verschwunden. Drehen sie auf, so erreichen sie im Hafentunnel Spitzengeschwindigkeiten von 300 km/h. Die für die Formel 1 ungewöhnlichen Rahmenbedingungen machen den Parcours für die Rennfahrer besonders schwierig. Bei den Formel 1-Teams ist der Grand Prix de Monaco daher nicht sehr beliebt. Bei den Zuschauern, die den Autos hier sehr nah kommen können, dafür umso mehr.

Das Palais Princier und eine Statue von François Grimaldi, der 1297 als Franziskaner verkleidet die Festung von Monaco eroberte

zeichnet mit drei Michelin-Sternen (Di/Mi geschl.).

Le Grill, Place du Casino, Monaco, Tel. 00377/92162966. Restaurant im 8. Stockwerk des Hôtel de Paris mit prächtiger Aussicht (Jan. geschl.).

La Polpetta, 2, Rue Paradis, Monaco, Tel. 00377/93506784. Hier erhält man Osso Buco und Tintenfisch sowie köstliche Pasta- und Fischspezialitäten, was schon Frank Sinatra zu schätzen wusste (Sa, Mo/Di geschl.).

40 Roquebrune

Burg und Cap der braunen Felsen.

Der Küstenstreifen zwischen Nizza und Menton ist vielleicht der schönste der ganzen Côte d'Azur, zumindest, was die Ausblicke betrifft. An der Grande Corniche liegt der pittoreske Ort Roquebrune, benannt nach den **rotbraunen Felsen**, auf denen er gegründet wurde und deren Struktur sich im Gefüge der Mauern und Gässchen fortsetzt. Der Blick von der alles bekrönenden **Burg** schweift über die Bucht von Menton und reicht weit nach Italien hinein, wo sich Küste, Landschaft, Vegetation und ligurische Bauweise fortsetzen. Im Westen sieht man in unmittelbarer Nähe die Türme von Monte Carlo und in der Ferne bei klarem Wetter, über Kaps und Buchten hinweg, die Höhenzüge des Esterel-Gebirges.

Die Burg soll aus karolingischer Zeit stammen, die bestehende Bausubstanz verweist jedoch eindeutig auf das 13. Jh. Der **Wohnturm**, das Château, ist der Kern der gesamten Anlage, seine Raumaufteilung kann man in allen Einzelheiten noch gut erkennen. Jüngere Befestigungsbauten umschließen den Donjon, der Ort selbst entstand nicht vor dem 15. Jh.

Burg und Siedlung, etliche Male zerstört und wieder aufgebaut, gehörten dem Haus Grimaldi und damit zu Monaco. Während der Französischen Revolution schlossen sich Menton und Roquebrune wie Nizza freiwillig der Ersten Republik an. In der Restaurationszeit wurden sie dann den Grimaldis zurückgegeben, lösten sich 1848 erneut von Monaco und kamen 1860 endgültig durch Volksentscheid zu Frankreich.

Unterhalb von Roquebrune springt das **Cap Martin** weit ins Meer vor und begrenzt die Bucht von Menton. Am Ende der traumhaft schönen, lange Zeit unbewohnten *Halbinsel* wurde in der zweiten Hälfte des 19. Jh. das Grand Hôtel du Cap Martin gebaut, in dem sich die französische Kaiserwitwe Eugénie und die österreichische Kaiserin Elisabeth je eine Suite einrichten ließen. Heute befindet es sich in Privatbesitz. In Roquebrune-Cap Martin lebte übrigens der berühmte Architekt Le Corbusier (1887–1965) [s. S. 30] und ist dort auf dem Friedhof auch begraben.

Blick über die Dächer von Roquebrune

Die Bucht von Menton und das Cap Martin

Praktische Hinweise

Information

Office Municipal de Tourisme, 218, Avenue Aristide Briand, Roquebrune Cap Martin, Tel. 04 93 35 62 87, Fax 04 93 28 57 00, www.roquebrune-cap-martin.com

Hotel

Hôtel des Deux Frères, Place des deux Frères, Roquebrune Cap Martin, Tel. 04 93 28 99 00, Fax 04 93 28 99 10, www.lesdeuxfreres.com. Erfreuliches Hotel mitten im Ort. Von der Terrasse hat man eine schöne Aussicht.

41 Menton

Plan Seite 122

Die Mitte der Küste: Prähistorische Grotten und exotische Gärten.

Menton liegt, nimmt man die italienische Riviera hinzu, ziemlich genau in der Mitte dieser traumhaften Küste. Der Ort ist als Ausgangspunkt gut geeignet, um von hier aus die Riviera nach beiden Seiten zu erkunden. Das Klima ist hier durch die nahen Alpenausläufer milder als an anderen Stellen der Küste und macht Menton im Winter zum wärmsten Ort an der Côte d'Azur. Auch heute kann ein Besuch Mentons im Winter nur empfohlen werden. Dann blühen hier die Mimosen. Kakteen und Pinien, aber auch Orangen und Zitronen, ja sogar Bananenstauden und Datteln gedeihen in verschwenderischer Fülle, während anderswo Schnee fällt.

TOP TIPP Berühmt ist Menton für seine **Fête du Citron** (www.feteducitron.com). Bei dem Zitronenfest ziehen in der Woche vor Faschingsdienstag farbenfrohe Wagen mit Orangen- und Zitronenskulpturen durch die girlandengeschmückten Straßen der Stadt.

Und so gehören denn auch zu den besonderen Sehenswürdigkeiten Mentons seine zauberhaften **Gärten**: Der *Jardin du Palais Carnolès* (3, Avenue de la Madone, Tel. 04 92 41 76 76, Mi–Mo 10–12 und 14–18 Uhr) ist die älteste Gartenanlage der Stadt mit zahlreichen Zitrusbäumen und Skulpturen. In dem *Jardin de la Villa Maria Serena* (21, Promenade Reine-Astrid, Tel. 04 92 41 76 76, Führungen Di 10 Uhr) findet man seltene subtropische Gewächse. Eine ganze Sammlung solcher Pflanzen bietet der *Jardin Botanique Exotique du Val Rahmeh* (Avenue St Jacques, Tel. 04 93 35 86 72, April–Sept. Mi–Mo 10–12.30 und 15.30–18.30 Uhr, Okt.–März Mi–Mo 10–12.30 und 14–17 Uhr). Lord Radcliffe siedelte hier über 700 verschiedene exo-

La Fête du Citron – Zitronenfest in Menton

tische Pflanzen an. Besonders stolz ist man auf den seltenen Baum *Sophora Toromiro*, der von den Osterinseln stammt und hier seit 1993 regelmäßig blüht.

Zu der archäologischen Highlights der Region gehören die **Grottes de Vallonet** westlich von Menton und den sog. **Grimaldigrotten** östlich der Stadt, bereits in Italien gelegen. Die Funde dieser Höhlen gehören neben denen von Nizza und Monaco zu den frühesten, die die Geschichte der Menschheit kennt.

Die ältesten Zeitzeugnisse, noch in die Altsteinzeit zurückreichend, hat man in der Grotte de Vallonet entdeckt. Die Steinwerkzeuge aus den Grimaldigrotten stammen bereits aus etwas jüngerer Zeit, aus dem Mesolithikum. Zwischen diesen Werkzeugen und den nächstjüngeren Funden liegt ein langes Intervall von 20 000 Jahren. In der Zwischenzeit ist der Neandertaler verschwunden und der unmittelbare Vorfahre der heutigen Menschen, der Homo sapiens von Cro Magnon, tritt auf den Plan. In der Grotte *Barma Grande*, die zu den Grimaldigrotten gehört, wurden neben Skeletten auch zahlreiche Werkzeuge entdeckt, bei denen es sich es sich um Grabbeigaben handelt. Auch Schmuck ist dabei, der auf eine veränderte Einstellung des Menschen zu seinem Körper und zum Glauben an ein Weiterleben nach dem Tod schließen lässt. Wahrscheinlich hatte der sich andeutende Jenseitsglaube auch etwas zu tun mit dem Kult der ›Großen Mutter‹, der erstmals in kleinen Idolstatuetten greifbar wird, die vielerorts zwischen Frankreich und Russland anzutreffen sind. Fünfzehn solcher ›Venus‹-Statuetten wurden in den Grimaldigrotten bisher gefunden.

Geschichte Menton ist eine vergleichsweise junge Stadt. Erst 1251 taucht der Ortsname in einem Schriftdokument auf: Da ist von einem ›Mons Othonis‹ die Rede, einem Berg also, der Othon, dem Grafen von Ventimiglia, gehörte. Aus dieser sachlichen Bezeichnung hat sich der heutige Ortsname entwickelt. 1269 erhielt Wilhelm von Vento Roquebrune und Menton als Lehen. Einer seiner Nachfolger verkaufte dann 1346 die Rechte über beide Orte an den Prinzen von Monaco.

Nachdem Menton im Spanischen Erbfolgekrieg vorübergehend habsburgisch geworden war, begann sein später Aufstieg mit dem Anschluss an Frankreich. Napoleon ließ auf eleganten Bögen eine **Uferstraße** anlegen, die zu einem unverzichtbaren Bestandteil des Stadtbildes von Menton geworden ist. Sein Neffe

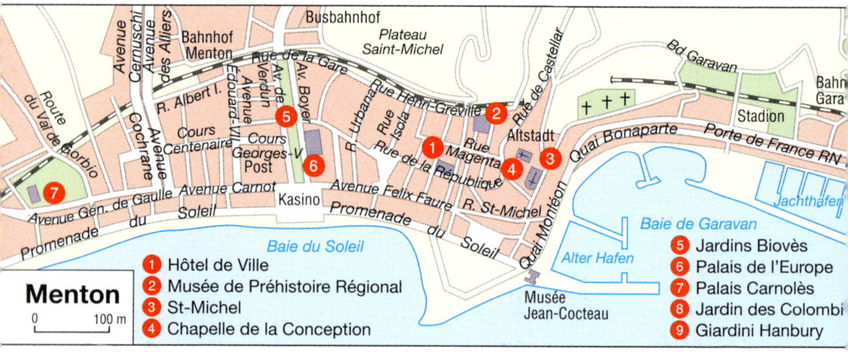

Napoleon III. baute den **Hafen** aus – er dient hauptsächlich zur Ausfuhr von Zitrusfrüchten. Vor allem aber war es der englische Arzt Bennett, der Menton in ganz Europa bekannt machte. Er war im milden Klima von seiner Tuberkulose geheilt worden und pries daraufhin die Vorzüge Mentons in einem Buch, das rasch populär wurde.

Besichtigung Aus jener glanzvollen Zeit des Wintertourismus sind noch zahlreiche mehr oder minder pompöse Palais erhalten, die heute zumeist anderen Zwecken nutzbar gemacht wurden. So war das **Hôtel de Ville** 1 zeitweise städtisches Kasino. Heute dient das damalige Theater als Rathaus. Es wurde 1957 durch einen künstlerischen Akzent besonderer Art bereichert: Kurz nachdem er die Kapelle von Villefranche [Nr. 35] ausgemalt hatte, erhielt **Jean Cocteau** von dem mit ihm befreundeten, ungemein tatkräftigen Bürgermeister Francis Palermo, dem Vater des modernen Menton, den Auftrag, im Rathaus das Standesamt **Salle des mariages** (17 Rue de la République, Mo–Fr 9–12 und 14–17 Uhr) auszugestalten. Cocteau inszenierte mit reichlich Purpur und Gold, setzte Spiegel ein, die für ihn immer Symbole waren für die Dialektik von Schein und Wirklichkeit, Traum und Realität, und schuf mit einer Ausmalung, die sich teils dekorativ schweifenden, teils flächendeckend mäandrierenden Lineaments bedient, sein malerisches Hauptwerk.

An der Stirnseite begegnen die Köpfe und Augen zweier Menschen einander. Das Auge des Jünglings – er ist durch die Art seiner Kopfbedeckung als Fischer gekennzeichnet – hat die Gestalt eines geflügelten Fischs, das Mädchen trägt den Hut der Zitronenpflückerinnen, dessen breite Krempe die Sonne nicht nur abhält, sondern zugleich zum Bestandteil des Kopfschmucks macht. Die Hutlinie wiederum – bezeichnend für die Kunst Cocteaus, die mit knappen, zeichenhaften Mitteln vielschichtige Sinnbezüge herstellt – verbindet das Gesicht des Mädchens mit dem Profil des Mannes. An der rechten Seite des Zimmers ist eine orientalische (sarazenische?) Hochzeitsszene dargestellt, die linke zeigt den Dichter Orpheus, dessen Leierspiel nach dem Tod der Geliebten verstummt – der Tod aus Poesie bleibt nicht ohne Wirkung auf die Menschheit, die in Dumpfheit erstarrt. Zweifellos bringt diese Szene eine persönliche, bekenntnishafte Note ins Spiel: Cocteau hat sich immer wieder selbst mit Orpheus identifiziert und das Thema des Orpheus-Mythos in packenden Bildern wie z. B. im Film ›Orphée‹ (1949) reflektiert.

Nur wenige Hundert Meter südlich erinnert das **Musée Jean-Cocteau** (Quai Napoléon III., Tel. 04 93 57 72 30, Mi–Mo 10–12 und 14–18 Uhr) an den Künstler. Es ist in der *Bastion du Vieux Port* aus dem 17. Jh. untergebracht, in der Cocteau seit 1957 gearbeitet hatte. Gemälde, Zeichnungen und Mosaiken zeugen von seinem künstlerischen Schaffen.

Vom Rathaus ist es nicht weit zum **Musée de Préhistoire Régional** 2 (Rue Loredan-Larchey, Tel. 04 93 35 84 64, Mi–Mo 10–12 und 14–18 Uhr), dessen Untergeschoss *prähistorische* und *archäologische Funde* enthält. Darunter befindet sich auch ein Stück des Schädels des ›Grimaldi-Menschen‹, übrigens das einzige Fundstück aus den Grotten, das in Menton verblieben ist. Im Obergeschoss finden Wechselausstellungen statt.

Vom Musée Régional führt der Weg hinauf in die **Altstadt**, in der insbesondere die Rue Longue noch eine ganze Reihe gut erhaltener Häuser des 15.–18. Jh. aufweist wie das Palais Prettis (Nr. 45) von 1649 mit seinem schönen Treppenhaus. Eindrucksvoller jedoch ist der Zugang vom Quai Bonaparte aus über die prächtige Freitreppe direkt zum **Parvis St-Michel**, einem gelungenen städtebaulichen Ensemble, das von der prächtigen Fassade der Kirche **St-Michel** 3 beherrscht wird. Breiten- und Höhenerstreckung dieser von weitem sichtbaren, wahrzeichenhaften Fassade stehen mit ihren ungleich

Jean Cocteau, Wandgemälde im Standesamt von Menton

hohen Türmen – der linke stammt noch vom Vorgängerbau aus dem 14. Jh. – und im Bezug zur Lage am Berghang in einem spannungsgeladenen Verhältnis.

Der Bau wurde 1619 auf gewaltigen Substruktionen begonnen und ist die größte Kirche, die im 17. Jh. in der damaligen Diözese Monaco-Ventimiglia gebaut wurde. Im breit gelagerten Inneren der goldstrotzenden, dreischiffigen Säulenbasilika mit ihren kraftvollen Gliederungselementen ist u. a. das Michaels-Retabel von *A. Manchello* (1565) beachtenswert. Auf dem Parvis und in der Kirche findet im August das anspruchsvollen **Festival de Musique** (www.festivalmusiquementon.com) mit klassischer Musik statt. Die ebenfalls Anfang des 17. Jh. erbaute Kirche **Chapelle de la Conception** 4 westlich von St-Michel war ursprünglich Gebetshaus des Ordens der Weißen Büßer (Pénitents Blancs).

In der **Unterstadt** überquert die Rue de la République die Gartenachse der **Jardins Biovès** 5. Wie in Nizza handelt es sich hier um einen in die Unterwelt verbannten Fluss, den 1899 unsichtbar und damit unschädlich gemachten Careï, der bis dahin immer wieder die Innenstadt überflutet hatte.

Das **Palais de l'Europe** 6 (8, Avenue Boyer) von 1909 dient wechselnden Ausstellungen und Veranstaltungen wie der Malerei-Biennale oder Literaturkursen und zeigt damit das Bemühen der Stadtregierung um ein qualifiziertes kulturelles Angebot.

Schließlich ist am Westrand des Ortes das wohl bedeutendste Bauwerk der Stadt, das **Palais Carnolès** 7 (3, Avenue de la Madone, Tel. 04 93 35 49 71, Mi–Mo 10–12 und 14–18 Uhr) zu erwähnen, die von den renommierten Pariser Architekten Robert de Cotte und Jaques-Ange Gabriel 1717 für den Grimaldi-Prinzen Antoine I. nach dem Vorbild des Grand Trianon von Versaille errichtete Sommerresidenz. Nach Revolution und Restauration wechselte das Palais viele Male seinen Besitzer und wurde mehrfach verändert und umgebaut. 1961 schließlich wurde der letzte Besitzer von der Obrigkeit zwangsenteignet und der Bau zum *Monument Historique* erklärt. Nach umfangreichen Restaurierungen beherbergt das Palais jetzt ein *Musée des Beaux-Arts* mit der *Sammlung Wakefield Mori*. Sie enthält alte Meister der italienischen Malerei des 14.–16. Jh. sowie Flamen und Holländer. Gezeigt werden aber auch einige bedeutende Kunstwerke aus dem 20. Jh. wie *La Négresse nue* von Suzanne Valadon und Aquarelle von Max Jacob.

Zwei sehr verschiedene, beide in ihrer Art aber unvergleichlich schöne Gärten sind besonders empfehlenswert. Am Golf von Garavan entstand Anfang des 20. Jh. am Boulevard Garavan der

TOP TIPP

Jardin des Colombières 8 (Route des Colombières, Tel. 04 92 10 97 10, Anmeldung erforderlich). *Ferdinand Bac* (1859–1952), der vielseitig begabte, als Architekt, Karikaturist und Schriftsteller tätige Großneffe Napoleons, hat sich hier nicht nur einen Traum erfüllt, sondern diesen in allen Einzelheiten – Gartenanlage, Architektur, Wandmalereien, Einrichtungen – auch selbst gestaltet. In vierzehnjähriger Arbeit hat er mehrere Gärten harmonisch miteinander verbunden.

Treppen, Alleen, immer neue Durchblicke und Panoramen tun sich in dieser mediterranen Jugenstillandschaft auf, die bewusst auf exotische Pflanzen verzichtet. Vielmehr konzentriert sie sich auf die typische Pflanzenwelt des Mittelmeers und macht mit kleinen architektonischen und skulpturalen Aperçus auch die mythologische Dimension der Landschaft deutlich. Am höchsten Punkt des

Abendstimmung im Hafen von Menton

Gartens liegt Bac begraben. Sein Grab trägt die Inschrift ›per aspera ad astra‹ – ›auf rauen Wegen zu den Sternen‹.

Das zweite Beispiel für eine ebenfalls üppig wuchernde, gleichwohl vom Menschen gestaltete Natur befindet sich unmittelbar jenseits der Grenze, also bereits auf italienischem Boden. Dort ließ die englische Familie Hanbury von dem Gartenarchitekten Ludwig Winter (1846–1912) auf dem Capo Mortola einen der schönsten Gärten der ligurischen Küste anlegen: Die herrlichen **Giardini Hanbury** 5 (Corso Montecarlo 43, La Mortola Inferiore, Ventimiglia, Tel. 00 39/01 84 22 95 07, www.amicihanbury.com, Mitte Juni–Sept. tgl. 9–18 Uhr, April–Mitte Juni, Okt. tgl. 10–17 Uhr, Nov.–März. Do–Di 10–16 Uhr) bieten einen Überblick über mehr als 5000 verschiedene Pflanzenarten, jedoch nicht in trockener botanischer Systematik, sondern in außerordentlich sensibel gestalteter, aus den landschaftlichen Gegebenheiten geschickt entwickelter Ordnung. Die steile Lage des Gartens zwischen alpinen Felsen und Meeresküste ermöglicht es, Vertreter der Flora ganz unterschiedlicher Klimazonen hier anzusiedeln. Neben Mittelmeerpflanzen sind auch zahlreiche Exoten hier heimisch geworden. Die schlichte Villa der Hanburys geht noch auf mittelalterlichen Ursprung zurück. Quer durch den Garten verlaufen, deutlich sichtbar, die Spuren der römischen Via Iulia Augusta, die Gallien mit Italien verband.

TOP TIPP

i Praktische Hinweise

Information

Office de Tourisme, Palais de l'Europe, 8, Avenue Boyer, Menton, Tel. 04 92 41 76 76, Fax 04 92 41 76 38, www.menton.fr

Hotel

Paris Rome, 79, Avenue Porte de France, Menton – Garavan, Tel. 04 93 35 73 45, Fax 04 93 35 29 30, www.hotel-paris-rome.com. Angenehmes Hotel in der Bucht von Garavan nahe des Hafens.

Restaurant

Au Pistou, 9, Quai Gordon Bennett, Menton, Tel. 04 93 57 45 89. Beliebtes Hafenrestaurant mit mediterraner Küche.

Côte d'Azur aktuell A bis Z

Vor Reiseantritt

ADAC Info-Service:
Tel. 018 05/10 11 12, Fax 018 05/30 29 28
(0,14 €/Min.)

ADAC im Internet:
www.adac.de
www.adac.de/reisefuehrer

Côte d'Azur im Internet:
www.crt-paca.fr
www.cote.azur.fr
www.guideriviera.com

Umfassendes **Informations- und Kartenmaterial** können ADAC Mitglieder kostenlos bei den ADAC Geschäftsstellen oder unter Tel. 018 05/10 11 12 (0,14 €/Min.) anfordern.

Touristische Informationen erhält man beim Französischen Fremdenverkehrsamt, **Maison de la France,**
www.franceguide.com

Deutschland

Postfach 10 01 28, 60001 Frankfurt/Main
Zeppelinallee 37, 60325 Frankfurt/Main,
Tel. 090 01/57 00 25, Fax 090 01/59 90 61
(jeweils 0,49 €/Min.),
info.de@franceguide.com

Österreich

Lugeck 1–2 , Stg. 1, Top 7, 1010 Wien,
Tel. 09 00/25 00 15, Fax 01/503 28 72
(gebührenpflichtig),
info.at@franceguide.com

Schweiz

Rennweg 42, Postfach 7226, 8023 Zürich,
Tel. 04 42 17 46 03, Fax 04 42 17 46 17,
info.zrh@franceguide.com

Allgemeine Informationen

Reisedokumente

Für Reisende aus Deutschland, Österreich und der Schweiz genügt ein gültiger Personalausweis oder Reisepass, für Kinder unter 16 Jahren ein Kinderausweis oder Eintrag im Elternausweis.

Kfz-Papiere

Führerschein und Zulassungsbescheinigung Teil 1 (vormals Fahrzeugschein). Bei Unfällen wird die Internationale Grüne Versicherungskarte verlangt. Es empfiehlt sich, eine Kurzkasko- und Insassenversicherung abzuschließen.

Krankenversicherung und Impfungen

Heutzutage ist die Europäische Krankenversicherungskarte in die übliche Versicherungskarte integriert. Sie wird in ganz EU-Europa anerkannt und garantiert die medizinische Versorgung. Sicherheitshalber empfiehlt sich jedoch der Abschluss einer zusätzlichen Reisekranken- und Rückholversicherung.

Oben links: *Das Casino von Monaco*
Oben rechts: *Mit dem Boot vor St-Tropez*
Mitte: *Blick vom Jardin de Maria Séréna auf Menton*
Unten links: *Hausfassade in Sospel*
Unten rechts: *Sprung ins Meer*

Hund und Katze

Für **Hunde** und **Katzen** ist bei Reisen innerhalb der EU ein gültiger, vom Tierarzt ausgestellter EU Heimtierausweis vorgeschrieben, ebenso Kennzeichnung durch Mikrochip oder Tätowierung. Bis zum Jahr 2011 gelten Übergangsregelungen.

Zollbestimmungen

Zwischen **EU-Ländern** ist der Reisebedarf für den persönlichen Gebrauch abgabenfrei. Obergrenzen sind: 10 l Spirituosen, 90 l Wein, davon 60 l Schaumwein, ferner 800 Zigaretten, 400 Zigarillos oder 200 Zigarren.

Für Reisende aus **Nicht-EU-Ländern** gelten als Höchstmengen: 1 l Spirituosen, 2 l Wein, 200 Zigaretten, 100 Zigarillos oder 50 Zigarren.

Geld

Die gängigen *Kreditkarten* werden in Banken, Hotels und zahlreichen Geschäften akzeptiert. An *Geldautomaten* kann man mit einer Maestro/EC-Karte rund um die Uhr Geld abheben.

Tourismusämter im Land

In den meisten Orten findet man ein **Office de Tourisme**, in dem man Stadtpläne, Veranstaltungshinweise sowie Unterkunftsverzeichnisse bekommt und das in der Regel auch Zimmer vermittelt. Adressen, Telefon- und Faxnummern sind im Haupttext bei den jeweiligen Orten unter **Praktische Hinweise** angegeben.

Zusätzlich gibt es für die provenzalischen Departements überregionale Touristenbüros:

Comité Régional du Tourisme Provence-Alpes-Côte d'Azur, Les Docks, 10, Place de la Joliette, 13567 Marseille, Tel. 04 91 56 47 00, Fax 04 91 56 47 01, www.crt-paca.fr

Comités Départementaux du Tourisme:

Département Bouches-du-Rhône, 13, Rue Roux-de-Brignoles, 13006 Marseille, Tel. 04 91 13 84 13, Fax 04 91 33 01 82, www.visitprovence.com

Département Riviera-Côte d'Azur, 400, Promenade des Anglais, 06000 Nizza, Tel. 04 93 37 78 78, Fax 04 93 86 01 06, www.crt-riviera.fr

Département Alpes-de-Haute-Provence, Maison des Alpes-de-Haute-Provence, Immeuble François Mitterrand, 04005 Digne-les-Bains, Tel. 04 92 31 57 29, Fax 04 92 32 24 94, www.alpes-haute-provence.com

Département Var, 1, Boulevard Foch, 83003 Draguignan, Tel. 04 94 50 55 50, Fax 04 94 50 55 51, www.tourismevar.com

Über *behindertengerechte Ferienprogramme* informieren:

Association Tourisme et Handicaps, 43, Rue Marx Dormoy, 75018 Paris, Tel. 01 44 11 10 41, Fax 01 45 55 99 60, www.tourisme-handicaps.com

Association des Paralysés de France, 17, Boulevard Auguste-Blanqui, 75013 Paris, Tel. 01 40 78 69 00, Fax 01 40 78 69 71, www.apf.asso.fr

Notrufnummern

Einheitlicher Notruf: Tel. 112 (EU-weit, auch mobil: Polizei, Unfallrettung, Feuerwehr)

Pannenhilfe auf Autobahnen über Notrufsäulen, oder:

ADAC-Notrufstation Frankreich:
Tel. 04 72 17 12 22 (rund um die Uhr)

ADAC-Notrufzentrale München:
Tel. 00 49/89/22 22 22 (rund um die Uhr)

ADAC-Ambulanzdienst München:
Tel. 00 49/89/767676 (rund um die Uhr)

Österreichischer Automobil Motorrad und Touring Club
ÖAMTC Schutzbrief-Nothilfe:
Tel. 00 43/(0)1/251 20 00

Touring Club Schweiz
TCS Zentrale Hilfsstelle:
Tel. 00 41/(0)224 17 22 20

Apotheken (*Pharmacie*) erkennt man an einem blinkenden grünen Kreuz.

Fundbüros (*Bureaux des objets trouvés*) sind meist in die Stadtverwaltungen integriert. Beim *Verlust der Reisepapiere* wendet man sich zuerst an die örtlichen Gendarmerien, dann an die nächste diplomatische Vertretung.

Diplomatische Vertretungen

Deutschland

Deutsches Generalkonsulat, 338, Avenue du Prado, 13295 Marseille Cedex 08, Tel. 04 91 16 75 20, Fax 04 91 16 75 28, www.marseille.diplo.de

Konsulat, Le Minotaure, 5e étage, 34, Avenue Henri Matisse, 06200 Nizza, Tel. 04 93 83 55 25, Fax 04 93 83 05 50, nicewgz@aol.com

Konsulat, 2, Rue du Ténao, 98000 Monte Carlo, Monaco, Tel. 003 77/(0) 97 97 49 65, Fax 003 77/(0) 97 77 51 53, dieterspaethe@libello.com

Österreich

Österreichisches Honorargeneralkonsulat, 27, Cours Pierre Puget, 13006 Marseille, Tel. 04 91 53 02 08, Fax 04 91 53 71 51, consulatautriche@renardassocies.com

Konsulat, 6, Avenue de Verdun, 06000 Nizza, Tel. 04 93 87 01 31, Fax 04 93 87 59 92, consulat.autriche@wanadoo.fr (ohne Passbefugnis)

Österreichisches Generalkonsulat, 7, Boulevard des Moulins, 98000 Monte Carlo, Monaco, Tel. 003 77/(0) 93 30 23 00, Fax 003 77/(0) 92 16 04 54, consulat.autriche@monaco.mc

Schweiz

Schweizer Generalkonsulat, 7, Rue d'Arcole, 13291 Marseille,

Tel. 04 96 10 14 10, Fax 04 91 57 01 03, mar.vertretung@eda.admin.ch

Besondere Verkehrsbestimmungen

Tempolimits (in km/h): Für Pkw, Motorräder und Wohnmobile im Ortsbereich 50, auf Land- und Gemeindestraßen 90, auf Straßen mit zwei Fahrstreifen 110, auf Autobahnen 130 (bei Nässe jeweils 10, auf Autobahnen 20 km/h weniger). Wer seinen Führerschein weniger als zwei Jahre besitzt, darf auf Autobahnen höchstens 100 fahren, auf anderen Straßen außerhalb von Ortschaften höchstens 80. Bereits geringe Geschwindigkeitsüberschreitungen werden mit hohen Geldbußen geahndet.

Wohnmobile und *Anhänger* sind bis zu 2,5 m Breite und 12 m Länge zugelassen. Es besteht *Anschnallpflicht*. Bei Regen und Schnee ist für Pkws *Abblendlicht* vorgeschrieben, für Motorräder generell. Der *Kreisverkehr* hat stets Vorfahrt. Gelbe Streifen am Fahrbahnrand bedeuten *Parkverbot*.

Die **Promillegrenze** liegt bei 0,5.

Anreise

Auto

Aus dem deutschen Sprachraum kommt man an die Côte d'Azur über die Schweiz und das Tal der Isère (Genf, Grenoble, Digne, Cannes), über Italien und das Roya-Tal (Turin, Cuneo, Ventimiglia, Menton) sowie über Burgund, die Provence und das Rhônetal (Lyon, Avignon, Aix-en-Provence, Marseille).

Die französischen **Autobahnen** sind, bis auf kurze Strecken um die großen Städte, gebührenpflichtig (*Péage*). Gebühren zahlt man bar oder mit Kreditkarte. In den *ADAC-Geschäftsstellen* erhalten Mitglieder eine Liste der mautpflichtigen Autobahnen mit Preisangaben.

Bahn und Autoreisezug

Die Côte d'Azur ist mit der **Bahn** gut zu erreichen, die Hauptstrecken führen über Lyon – Orange – Avignon – Arles – Marseille – Cannes – Nizza – Menton und über Mailand – Genua – Menton – Nizza – Cannes–Marseille. Der **TGV**, Europas schnellster Zug, hält u. a. in Lyon, in Avignon und Marseille. Zu allen anderen größeren Städten bestehen gute Verbindungen. **Autoreisezüge** fahren von mehreren deutschen Städten nach Marseille, Toulon und Nizza.

Fahrplanauskunft:

Deutschland
Deutsche Bahn, Tel. 118 61 (persönliche Auskunft, gebührenpflichtig), Tel. 08 00/150 70 90 (sprachgesteuert, kostenlos), www.bahn.de

Deutsche Bahn AutoZug, Tel. 018 05/24 12 24, www.autozug.de

Österreich
Österreichische Bundesbahn, Tel. 05 17 17, www.oebb.at

Schweiz
Schweizerische Bundesbahnen, Tel. 09 00 30 03 00, www.sbb.ch

Bus

Die Deutsche Touring GmbH fährt die Côte d'Azur (Marseille, Nizza, Cannes, Toulon, Fréjus) im Sommer an.

Deutsche Touring, Am Römerhof 17, 60486 Frankfurt/Main, Tel. 069/790 35 01, Fax 069/790 32 19, www.touring.de

Flugzeug

Internationale Flughäfen

Aéroport Marseille-Provence, Marignane, Tel. 04 42 14 14 14, www.marseille.aeroport.fr

Aéroport Nice-Côte d'Azur, Tel. 04 89 88 98 28, www.nice.aeroport.fr

Nationale Flughäfen

Toulon-Hyères, Tel. 08 25 01 83 87 (0,14 €/ Min.), www.toulon-hyeres.aeroport.fr

Cannes-Mandelieu, Tel. 08 20 42 66 66 (0,14 €/Min.), www.cannes.aeroport.fr

Héliport Monaco, Terre-Plein de Fontvieille, Monaco, Tel. 003 77/92 05 00 50

Bank, Post, Telefon

Bank

Öffnungszeiten: Banken sind in der Regel Mo–Fr 9–12 und 14.30–16 Uhr geöffnet. In größeren Städten öffnen manche auch am Samstag.

Post

Die Öffnungszeiten der Postämter sind in der Regel Mo–Fr 9–12 und 14–17 oder 15–18 (in größeren Orten oft durchgehend),

Sa 9–12 Uhr. Briefmarken (*Timbres*) sind auch in Tabakläden (*Tabac*) und in Geschäften, die Ansichtskarten verkaufen, erhältlich.

Telefon

Die meisten Telefonzellen funktionieren mit Telefonkarten, *Télécartes*, erhältlich in Postämtern, Tabakläden und gekennzeichneten Verkaufsstellen.

Internationale Vorwahlen:
Frankreich 00 33
Monaco 003 77
Deutschland 00 49
Österreich 00 43
Schweiz 00 41

Die französischen Telefonnummern sind zehnstellig und beginnen mit 0. Bei Gesprächen vom Ausland nach Frankreich lässt man diese 0 weg (= 00 33 + neunstellige Nummer).

Die Benutzung handelsüblicher **Mobiltelefone** ist in ganz Frankreich möglich.

Einkaufen

Die **Öffnungszeiten** der Geschäfte sind in der Regel Di–Sa 9–12.30 und 15–19 Uhr, doch gibt es zahllose Abweichungen. So öffnen Lebensmittelläden und Bäckereien (*Boulangerie*) meist schon um 7 Uhr. Außerdem haben Bäckereien und Supermärkte in der Regel Sonntagvormittags geöffnet, sind dafür dann aber montags geschlossen.

Charcuterie (Wurstwaren) und *Boucherie* (Fleischwaren) sind meist getrennte Geschäfte. Fast jeder Ort hat seinen *Markt* mit Gemüse, Kräutern, Honig, Konfitüren, Käse, in Meeresnähe bieten die Händler jede Menge fangfrischen Fisch und Krustentiere an.

Landestypische **Souvenirs** sind kandierte Früchte und köstliche Konfitüren, Honig, Seifen und duftende Kräuter (*Herbes de Provence*) als Duft- oder Würzmischung, Lavendelessenz und bunt bedruckte Stoffe (*Indiennes*). Beliebte Mitbringsel sind auch die Santons (aus Ton gebrannte, bunt bemalte Figürchen), Keramik aus Vallauris und Biot, Marrons Glacées aus Collobrières, Parfum aus Grasse. Ferner Kunsthandwerkliches aus Elfenbein, Schmiedeeisen oder Olivenholz, Glaswaren aus Biot, regionale Weine oder das berühmte kalt gepresste Olivenöl (*Huile vièrge*).

Essen und Trinken

Auch an der Côte d'Azur ist die **provenzalische Küche** heimisch. Die Region war einst ein armes Land, ihre Küche daher eher deftig und bäuerlich. Frisches Gemüse, Gewürze wie Rosmarin, Lorbeer, Thymian und andere Wildkräuter, die hier unter südlicher Sonne zu einem Aroma reifen, wie es sich in unseren Breiten allenfalls schüchtern andeutet, Olivenöl, Brot und viel Knoblauch, an der Küste Fisch und Schalentiere, danach Schafs- und Ziegenkäse und vielleicht zum Abschluss ein Schluck köstlichen *Marc de Provence* (Tresterschnaps verschiedensten Alters und unterschiedlicher Konzentration) – das sind, in groben Zügen skizziert, die wichtigsten Zutaten der provenzalischen Küche.

Natürlich darf der **Wein** nicht vergessen werden, der südlich von Bollène mehr und mehr als Monokultur die Landschaft bestimmt. Gut und bekömmlich sind die meisten ›Hausweine‹ der Region, berühmt auch die Weine von Cassis und Bandol, von Ollioulles, Pierrefeu, Bellet, Menton und Nizza. Zum Fisch empfiehlt sich ein trockener Weißer; wer zum Fleisch nicht auf Rot ›umsteigen‹ will, wählt den beliebten Rosé.

Die bekannten **Spezialitäten** der Provence waren ursprünglich Armeleuteessen. Die dicke Gemüsesuppe *Soupe au pistou* oder die *Ratatouille*, der mit Kräutern gewürzte Gemüseeintopf, lassen sich mit einigem Gespür und Improvisationstalent aus den herrlich frischen Zutaten ebenso leicht herstellen wie die berühmte *Bouillabaisse*, bei der ursprünglich keine teuren Krustentiere, sondern lediglich die ›Abfälle‹ von Fischen verwendet wurden, die man auf dem Markt nicht verkaufen konnte. Obligatorisch sind heute mindestens drei Fischarten, die man zusammen mit den Schalentieren separat von der eigentlichen Fischsuppe (*Soupe de poissons* – kann auch gesondert als Vorspeise bestellt werden) serviert: *Rascasse* (Drachenkopf), *Congre* (Seeaal) und *Grondin* (Knurrhahn). Als Gewürze finden neben Pfeffer und Salz auch Zwiebeln, Tomaten, Safran, Knoblauch, Lorbeer und Thymian Verwendung, auch Fenchel und Salbei sowie ein Stück Orangenschale und manchmal ein Schuss Wein oder Cognac. In jedem Fall gehören Croûtons (geröstete Würfel oder Scheiben aus Weißbrot) und die mit Knoblauch ge-

Olivenangebot der Superlative: Schnell lernt man die einzelnen Sorten namentlich zu unterscheiden – links z. B. die kleinen schwarzen ›Niçoises‹

würzte Mayonnaise *Rouille* dazu. Sie ist nicht zu verwechseln mit der gelben *Aïoli*, einer köstlichen Mayonnaise, die gerne zu Hors-d'œuvres, zu Gemüse und Stockfisch (*Morue sèche*) gegessen und aus Eiern, Kartoffeln, Knoblauch und Olivenöl zubereitet wird. Weitere Fischsuppenspezialitäten sind die edle weiße *Bourride*, ein Eintopf aus Seeteufel (*Lotte*) und Wolfsbarsch (*Loup de mer*), sowie die *Brandade de morue*, ein Gericht, das aus zerkleinertem Stockfisch, Trüffeln, Milch, Olivenöl und natürlich auch Knoblauch hergestellt wird.

Fisch verschiedenster Art (*Rouget*: Meerbarbe; *Sole*: Seezunge; *Merlan*: Weißling; *Raie*: Rochen; *Thon*: Thunfisch; *Espadon*: Schwertfisch), frisch vom Fang, und Schalentiere (*Coquillages*) lassen sich auch auf mancherlei andere Art verzehren, z. B. gegrillt. In jedem Fall ist feinstes Olivenöl (*Huile vièrge*) mit im Spiel.

Im Folgenden seien noch einige Spezialitäten der **Cuisine niçoise** erwähnt, der Küche von Nizza, die sich deutlich von der provenzalischen westlich des Var unterscheidet. Wie in der ligurischen jenseits der italienischen Grenze spielt das köstliche Basilikum, frisch verarbeitet, eine wichtige Rolle: Dem ligurischen *Pesto* entspricht das nizzardische *Pistou*. Eingang in die internationale Küche hat die *Salade niçoise* gefunden, ein grüner Salat mit Bohnen, Rettich, Pinienkernen, Tomaten, Ei, Oliven, Thunfisch und Sardellen. Es gibt ihn auch als sandwichartiges Schnellgericht für unterwegs, als *Pan Bagnat*. *Pissaladiera* (*Pissaladière*) ist ein Kuchen, der mit Sardellenpüree und schwarzen Oliven belegt wird, *Tourte de bléa* eine Art Pizza mit gehackten Mangoldblättern, Korinthen und Pinienkernen, *Socca* ein Fladenkuchen aus Kichererbsen, *Le Tian* ein Gemüsekuchen aus Auberginen, Kürbis, Tomaten, Kartoffeln und Zwiebeln.

Die Provenzalen verzichten weitgehend auf das *Frühstück*; man trinkt in einer Bar im Stehen *un café* (kleine Tasse schwarzer Kaffee), *un crème* (kleine Tasse Kaffee mit Milch) oder *un grand crème* (großer Milchkaffee), dazu gehört das obligatorische Croissant. Die meisten Franzosen essen heute *mittags* nur noch eine Kleinigkeit (außer sonntags), *abends* dagegen umso üppiger. Hat man nicht vor, die französische Speisefolge von mindestens drei Gängen zu absolvieren, so gehe man nicht in ein Restaurant, sondern in eine Bar oder eine Brasserie.

Kaffee trinkt man nach dem Essen oder im Vorübergehen in einer **Bar** – dort gibt es auch Wein, Bier, Limonaden und diverse Aperitifs, vor allem die aus Anis hergestellten (Pernot, Picard, Pastis, Anisette). Eine herrliche Erfrischung an heißen Tagen ist *Citron pressé*, frisch gepresster Zitronensaft, der nach Belieben mit Wasser und Eiswürfeln (*Glaçons*) verdünnt wird.

Essenszeiten werden in der Regel strikt eingehalten: Mittags von 12 bis 14 Uhr, Abendessen gibt es selten vor 19 und noch seltener nach 21 Uhr. Im Restaurant lässt man sich den Tisch vom Ober zuweisen. Die Rechnung (*l'Addition*) enthält bereits das Trinkgeld (*Pourboire*), doch ist eine weitere Zugabe von 5–10 % der Rechnungssumme üblich.

Feste und Feiern

Feiertage

1. Januar (Neujahr/*Nouvel An*), Ostermontag (*Lundi de Pâques*), 1. Mai (Tag der Ar-

beit/*Fête du Travail*), 8. Mai (Ende des Zweiten Weltkriegs/*Armistice 1945*), Christi Himmelfahrt (*Ascension*), Pfingstmontag (*Lundi de Pentecôte*), 14. Juli (Nationalfeiertag/*Fête Nationale*), 15. August Mariä Himmelfahrt/*Assomption*), 1. November (Allerheiligen/*Toussaint*), 11. November (Ende des Ersten Weltkriegs/*Armistice 1918*), 25. Dezember (Weihnachten/*Noël*).

Feste

In den meisten Orten der Provence wird das Fest des jeweiligen Kirchenpatrons mit farbenprächtigen Umzügen und Tänzen gefeiert. Reich und bunt ist an der Côte d'Azur auch der Karneval. Hier eine Auswahl der wichtigsten Ereignisse:

Januar

Monaco (27.1.): Fest der hl. Dévote.

Februar

Marseille (2.2.): Kerzenfest (Mariä Lichtmess).

Cannes: Fête du Mimosa, Mimosenfest mit Blumenkorso und Festumzug in Mandelieu-La Napoule bei Cannes.

Nizza (ab 14 Tage vor Faschingsdienstag): Karneval – Frühlingsfest seit 1539 mit prunkvollen Umzügen, Schauwagen, Kavalkaden und Blumenkorsos.

Menton (Woche vor Faschingsdienstag): La Fête du Citron, Zitronenfest mit prunkvollen Dekorationen und Festwagen mit Zitronen- und Orangenskulpturen [s. S. 121].

März/April

Roquebrune: Karfreitagsprozession.

Vence (Ostern): Volksfest mit Bataille des Fleurs und provenzalischem Tanz.

Brignoles (im April): Weinmesse.

Mai

St-Tropez (16.–18.5.): Bravade – Kirchweihfest zu Ehren des hl. Torpes [s. S. 50].

Juni

St-Tropez (15.6.): Die ›Spanier-Bravade‹ erinnert an den 1637 errungenen Seesieg über 22 spanische Kriegsschiffe.

Allauch (24.6.): Johannisfest.

Signes (So nächst dem 24.6.): Fête de St-Éloi mit Sonnwendfeuern, Festzug und Bravade.

Antibes (So nächst dem 29.6.): St.-Peters-Fest mit Hafenprozession.

Juli

Cap d'Antibes (1. und 2. So im Juli): Prozession der Seeleute.

Villefranche-sur-Mer (1. Juliwochenende): St.-Peters-Fest.

Cassis (29.7.): Lanzenstechen auf Booten.

August

Digne-les-Bains (1. Wochenende): Lavendelfest mit Korso.

Roquebrune-Cap Martin (5.8.): Passionsprozession zur Erinnerung an die Errettung vor der Pest (1467).

Grasse (erstes Wochenende im Monat): Fête de Jasmin.

Villefranche (15.8.): Hafenfest.

Collobrières (So nächst dem 15.8.): Fête des Fontaines.

Fréjus: La Fête du Raisin, traditionelles Traubenfest mit Trachtentanz.

In vielen Städten der Provence wird der 15. August (Mariä Himmelfahrt) festlich begangen, insbesondere da, wo die Kirchen Maria geweiht sind (z. B. Lichterprozession in Marseille).

September

Monaco (3. September-Wochenende): Oldtimer-Rallye.

Oktober

Collobrières (die letzten drei So): Fête de la Châtaigne (Kastanienfest).

November

Monaco (19.11.): Nationalfeiertag.

Marseille (vom letzten So im Nov. bis 31. Dez.): La foire aux santons, traditioneller Markt mit Krippenfiguren aus Ton.

Dezember

Allauch bei Marseille (24.12.): Provenzalische Weihnachtsmette.

In allen Kirchen sind in der Weihnachtszeit z. T. sehr schöne, fantasievolle **Krippen** zu sehen, oft mit kunstvollen mechanischen Bewegungseffekten und den typisch provenzalischen Tonfigürchen (*Santons*).

Klima und Reisezeit

Lange Zeit war die französische Mittelmeerküste das bevorzugte Ziel für den Winterurlaub. Linde Temperaturen, Sonne, Blütenpracht von Dezember bis Februar bieten auch heute noch eine faszinierende Alternative zum Winterklima anderer europäischer Regionen.

An der Küste liegen die Temperaturen während dieser Jahreszeit bei 13–17 °C. Im Landesinneren dagegen kann es empfindlich kühl sein, selbst März und April sind häufig noch regnerisch. Ende März/Anfang April beginnt dann die Blüte der Obstbäume. Doch Mai und Juni sind wohl die schönsten Monate – Mohn, Ginster, Rosmarin und Thymian blühen.

Im Juli/August sind vor allem die Küsten stark besucht, die Temperaturen liegen meist bei 30 °C. September und Oktober sind Monate mit beständig schönem Wetter, warm, aber nicht zu heiß.

Klimadaten Nizza

Monat	Luft (°C) min./max.	Wasser (°C)	Sonnenstd./Tag	Regentage
Januar	4/13	13	5	9
Februar	5/13	12	6	7
März	7/15	13	6	8
April	9/17	14	8	9
Mai	13/20	16	9	8
Juni	16/24	20	10	5
Juli	18/27	22	12	2
August	18/27	23	11	4
September	16/25	21	9	7
Oktober	12/21	19	7	9
November	8/17	16	5	9
Dezember	5/13	14	4	9

Kultur live

Anspruchsvolle Ausstellungen, Konzert- und Theateraufführungen bieten die großen Städte, insbesondere Marseille und Nizza. Der Sommer ist **Festivalzeit** (www.francefestivals.com). Nicht nur in den großen Zentren, sondern auch in den zahlreichen kleineren Orten der Küste und des Hinterlandes findet von Juli bis September eine Fülle von kulturellen Veranstaltungen statt. Detaillierte Auskünfte erteilen die örtlichen Offices de Tourisme, deren Adressen im Hauptteil unter Praktische Hinweise angegeben sind. Im Folgenden eine kleine Auswahl aus dem reichhaltigen Veranstaltungsprogramm:

Januar/Februar

Antibes: Le Festival d'Art Sacré, Klassische Musik in der Cathédrale.

Mai–Juli

Cannes (Mai): Festival de Cannes, Internationale Filmfestspiele (www.festival-cannes.com).

Nizza (Juni): Festival de Musique Sacrée.

Toulon (Juni–Mitte Juli): Festival de Musique de Toulon et sa Région (http://perso.orange.fr/musiquetoulon).

Marseille (Anfang Juli): Festival international de folklore de Château Gombert (www.roudelet-felibren.com).

Nizza (Mitte Juli): Nice Jazz Festival (www.nicejazzfest.com).

Le Thoronet (Juli): Rencontres de Musique Médiévale, Tel. 04 94 60 10 94.

Antibes/Juan-les-Pins (2. Hälfte Juli): Jazz à Juan, Jazzfestival.

August–September

Sisteron (Mitte Juli–Anfang Aug.): Les Nuits de la Citadelle, Musik-, Theater- und Tanzfestival im historischen Gemäuer der Citadelle.

Vallauris (Juli–Sept.): Biennale Internationale de céramique contemporaine, Internationale Keramik-Biennale (http://biennale.vallauris.free.fr).

Brignoles (August): Jazz à Brignoles, Jazz- und Klavierfestival (www.jazzabrignoles.net).

Menton (August): Festival de Musique, Festival klassischer Musik (www.festivalmusiquementon.com).

Oktober–Dezember

Marseille (1. Dezemberhälfte): Festival de Musique à Saint-Victor, Internationale Kirchenmusiktage in St-Victor (http://www.chez.com/saintvictor).

Nizza (Dez.): New Italian Cinema Events, Festival des italienischen Films (www.nicefestival.org).

Sport

An der Côte d'Azur und im Hinterland nicht bieten sich wunderbare Gelegenheiten zum Wandern, Fahrradfahren, Tennisspielen, Reiten, Segel- und Gleitschirmfliegen, zum Angeln und Klettern, Kanu- und Kajakfahren. An z. T. außerordentlich schönen Golfplätzen herrscht ebenfalls kein Mangel und an der Küste kann man jeglichem Wassersport frönen. In der Haute-Provence komplettieren reizvolle Skigebiete das Angebot.

Angeln

Angelscheine (Permis de Pêche) erhält man in Tabacs, bei der jeweiligen Kommune oder der Association de Pêche et de Pisciculture des Département. Infos:

Office national de l'eau et des milieux aquatiques (Onema), Immeuble ›Le Péricentre‹, 16, Avenue Louison-Bobet, 94132 Fontenay-sous-Bois cedex, Tel. 01 45 14 36 00, Fax 01 45 14 36 60, www.onema.fr

Bergsteigen

Informationen zu den besten Kletterrevieren und -schulen gibt der:

Club Alpin Français Cannes-Côte d'Azur, 87, Boulevard Carnot, 06400 Cannes, Tel. 04 93 68 46 17, Fax 04 93 99 75 89, www.ffcam.fr

Fahrradfahren

An größeren Bahnhöfen kann man sich Fahrräder mieten (*Train et Vélo*). Weitere Leihmöglichkeiten nennen die Offices de Tourisme [s. Praktische Hinweise].

Fliegen

Über **Drachenfliegen** und **Paragliding** informiert:

Française de Vol libre, 4, Rue de Suisse, 06000 Nice, Tel. 04 97 03 82 82, www.ffvl.fr

Über **Ultraleichtfliegen**:

Fédération Française de Planeur Ultra-léger Motorisé, 96 bis, Rue Marc Sangnier, 94700 Maisons Alfort, Tel. 01 49 81 74 43, Fax 01 49 81 74 51, www.ffplum.com

über **Segelfliegen**:

Association aéronautique Provence-Côte d'Azur, 83440 Fayence, Tel. 04 94 76 00 68, Fax 04 94 84 14 81, www.aapca.net

Golf

Ein Führer, der über die zahlreichen Golfplätze im Bereich der Côte d'Azur informiert, ist bei den regionalen Tourismusbehörden erhältlich. Weitere Infos:

Fédération Française de Golf, 68, Rue Anatole France, 92300 Levallois-Perret, Tel. 01 41 49 77 00, Fax 01 41 49 77 01, www.ffg.org

Segeln

Informationen über die Häfen enthält der *Guide du plaisancier en Méditerranée*, Ed. France, Yachting Service. Weitere Infos:

Fédération Française de Voile, 17, Rue Henri Bocquillon, 75015 Paris, Tel. 01 40 60 37 00, Fax 01 40 60 37 37, www.ffvoile.org

Tauchen

Comité Régional Côte d'Azur des Sports soumarins, 875, Chemin des

Nationalsport Boule

Kein noch so winziger Ort – nicht nur in Südfrankreich –, der nicht eine entsprechende Bahn und Boule-Wettkämpfe hätte. Allabendlich trifft man sich zum Spielen, ist aktiv oder passiv dabei, agierend oder begutachtend. Das **Jeu de boules**, das ›Kugelspiel‹, ist traditionellerweise Männersache und zwar eher der reiferen als der jüngeren Generation; langsam finden freilich auch Frauen Zugang zu diesem Spiel.

Eine Boulekugel hat einen Durchmesser von 9–11 cm und ein Gewicht von 700–1300 Gramm. Zweieinhalb Millionen dieser Kugeln werden jährlich in Frankreich hergestellt. Die Kunst besteht darin, seine Kugel so nah wie möglich an die kleine hölzerne Zierkugel zu rollen, das sog. Schweinchen (Cochonnet), bzw. dort liegende gegnerische Kugeln von diesem wegzuschießen. Ersteres macht der Ponteur (Zieler), letzteres der Tireur (Schießer). Man unterscheidet zwei Spielweisen: Beim **Pétanque** (provenzalisch: ped tanco, festgehefteter Fuß) wird die Kugel aus dem Stand geworfen, beim **Jeu Provençal** mit Anlauf.

Charrettes, 83390 Cuers,
Tel. 04 94 00 40 71, Fax 04 94 00 40 72,
www.ffessmcotedazur.com

Wandern

Herrliche Gelegenheiten zum Wandern bieten sich im Gebiet des Naturparks Mercantour, im Maurenmassiv und auf den Îles d'Hyères. Detaillierte Informationen geben die Topo-Guides, erhältlich bei:

Fédération Française de la Randonnée Pédestre, 64, Rue du Dessous des Berges, 75013 Paris, Tel. 01 44 89 93 93, Fax 01 40 35 85 67, www.ffrp.asso.fr

Informationen zum Nationalpark Mercantour bietet:

Centre Information Montagne du Parc National du Mercantour, 23, Rue d'Italie, 06006 Nizza, Tel. 04 93 16 78 88, www.mercantour.eu

Wildwassersport

Comité Départemental de Spéléolgie et de descente de Canyon des Bouches du Rhône, 149, Avenue de la Capelette, 13010 Marseille, Tel. 04 91 78 08 95, http://cds13.ffspeleo.fr

Wintersport

Zentren sind u. a. St-Martin-Vésubie und Tende. Informationen bei:

Club Alpin Français Cannes-Côte d'Azur, 87, Boulevard Carnot, 06400 Cannes, Tel. 04 93 68 46 17, Fax 04 93 99 75 89, www.ffcam.fr

Sprache

Wer in Frankreich unterwegs ist, sollte zumindest ein paar Worte Französisch sprechen. Hilfreicher Reisebegleiter ist der praktische Sprachführer [s. S. 137 ff.].

Provenzalisch

Provenzalisch ist kein Dialekt des Französischen, sondern – wenn schon – einer der *Langue d'Oc*, jener dem Katalanischen und Italienischen mehr als dem Französischen verwandten Sprache. Die Langue d'Oc war vor der Eroberung des Südens durch die Franzosen – nach dem Latein – die erste und älteste der großen Kultursprachen Europas, ist heute jedoch fast ausgestorben. Sie war die Sprache der Troubadoure und darüber hinaus das allgemeine Verständigungsmittel. Zur Zeit der Französischen Revolution beherrschten noch 95 % der Bewohner Südfrankreichs das Provenzalische, erst in jüngerer Zeit wurde die Langue d'Oc der Bevölkerung systematisch ausgetrieben. Und erst in allerjüngster Zeit ist eine Gegenbewegung zu spüren, die zumindest symbolisch in der zweisprachigen Fassung mancher Ortsschilder Ausdruck findet. Auch gibt es vielerorts Schulen und Kurse für Provenzalisch.

Statistik

Lage: *Côte d'Azur* wird der rund 300 km lange Küstenstreifen genannt, der sich zwischen Menton und Cassis erstreckt. Im weiteren Sinne gehört auch das bergige Hinterland dazu, das heute gern werbewirksam als *Alpes d'Azur* bezeichnet wird.

Verwaltung: Die Côte d'Azur umfasst die Départements *Var und Alpes maritimes*, sie ist Teil der *Riviera*, jenes Küstenbogens des Ligurischen Meeres, der vom europäischen Festland zur italienischen Halbinsel hinüberschwingt. Seinen Mittelpunkt bildet die alte Seerepublik Genua, der östliche Abschnitt – bis La Spezia – heißt *Riviera di Levante*, der westliche, italienische bis Ventimiglia, von da an französisch, *Riviera di Ponente*.

Bevölkerung: Mit rund 800 000 Einwohnern (Großraum: 1,2 Mio.) ist *Marseille* die zweitgrößte Stadt Frankreichs. Im hier beschriebenen Gebiet folgen die Städte *Nizza* (346 000; Großraum: 930 000) und *Toulon* (160 000 bzw. 450 000). Im Bereich der Côte d'Azur leben etwa 1,5 Mio. Menschen, davon die meisten an der Küste. 8 Mio. kommen Jahr für Jahr als Besucher hierher.

Wirtschaft: Heute ist der *Tourismus* der bedeutendste wirtschaftliche Faktor der Region: Mehr als ein Drittel aller Arbeitnehmer sind im Tourismusgewerbe tätig. Entsprechend zurückgegangen ist die Bedeutung traditioneller Tätigkeiten, etwa des Fischfangs. Nach wie vor jedoch haben Obst- und Gemüseanbau, auch Blumenzucht und – insbesondere in der Gegend um Grasse – die Herstellung von Essenzen für die Parfumindustrie einen beachtlichen Stellenwert. *Industrie* siedelte sich vor allem um Marseille und Toulon an, Monaco hat sich auf kosmetische Betriebe spezialisiert. An der Côte selbst setzt man auf innovative, ›saubere‹, umweltverträgliche Technologien – wichtiges Zentrum ist der Technologie- und Wissenschaftspark *Sophia Antipolis* im Hinterland von Antibes.

Unterkunft

Camping

Einige Campingplätze sind im Text unter Praktische Hinweise erwähnt. Detaillierte Auskunft über geprüfte Campingplätze geben der jährlich neu erscheinende **ADAC Camping Caravaning Führer**, Band Südeuropa (auch als CD-Rom) sowie der **ADAC Urlaubsführer Europa**, die im Buchhandel und bei den ADAC-Geschäftsstellen erhältlich sind (www.adac.de/campingfuehrer).

Chalets

Vielerorts gibt es **Ferienhäuser**, die wochenweise vermietet werden. Auskunft:

Inter Châlet, Heinrich-von-Stephan-Str. 25, 79100 Freiburg, Tel. 07 61/21 00 77, Fax 07 61/210 01 54, www.interchalet.de

Hotels

Neben den Tourismussbüros vermittelt die Fédération Nationale des Logis de France kleinere, preiswerte, oft sehr persönlich geführte Hotels. Infos:

Fédération Nationale des Logis de France 83, Avenue d'Italie, 75013 Paris, Tel. 01 45 84 83 84, www.logis-de-france.fr

Zu empfehlen sind auch die im **France Accueil** zusammengeschlossenen Hotels. Infos und Prospekte:

Hôtels Indépendents Français (HIF), Beethovenstr. 60, 60325 Frankfurt/Main, Tel. 069/72 76 33, Fax 069/17 26 61, www.frankreich-hotel.de

Jugendherbergen

Fédération Unie des Auberges de Jeunesse, 27, Rue Pajol, 75018 Paris, Tel. 01 44 89 87 27, Fax 01 44 89 87 49, www.fuaj.org

Auskunft erteilt auch:
Deutsches Jugendherbergswerk, Bismarckstr. 8, 32760 Detmold, Tel. 052 31/740 10, Fax 052 31/74 01 49, www.jugendherberge.de

Privatunterkünfte

Über preiswerte Privatquartiere informiert das **Maison des Gîtes de France** (www.gites-de-france.fr). Vertretung der Departements Aude (Languedoc Roussillon) und Alpes Maritimes (Provence und Côte d'Azur) in Deutschland:

France-Ecotours, Elisabethenstr. 17, 63225 Langen, Tel. 061 03/92 87 87, Fax 052 31/92 92 83, www.france-ecotours.com

Verkehrsmittel im Land

Bahn

Es gibt mehrere kleine, reizvolle Bahnstrecken: Die malerische *Roya-Tal-Bahn* (http://home.scarlet.be/roya/train) fährt von Nizza über Breil und Tende nach Cuneo und der nur von Mai bis Oktober verkehrende, mit Dampf betriebene Pinienzapfenzug *Train des Pignes* (www.traindespignes.com) von Nizza nach Digne. Infos:

Chemins de Fer de Provence,
4 bis, Rue Alfred Binet, 06000 Nice,
Tel. 04 97 03 80 80, Fax 04 97 03 80 81,
www.trainprovence.com

Mit dem **France-Railpass** kann man an drei und an bis zu sechs weiteren Tagen innerhalb eines Monats beliebig viele Strecken des französischen Eisenbahnnetzes nutzen (Sondertarife für Kinder, Jugendliche, Senioren). Der Pass muss im Ausland gekauft werden. Auskunft in vielen Reisebüros und bei den jeweiligen Vertretungen der französischen Bahnen.

SNCF, Tel. 08 92 68 82 66 (0,34 €/Min.), www.voyages-sncf.com

Mietwagen

Mietwagen internationaler Verleihfirmen gibt es in allen größeren Orten.

ADAC-Mitglieder können über die **ADAC-Autovermietung**, Tel. 018 05/31 81 81 (0,14 €/Min) oder die ADAC-Geschäftsstellen zu günstigen Konditionen ein Auto vorbuchen.

Öffentliche Verkehrsmittel

Der innerstädtische und regionale Verkehr an der Côte d'Azur funktioniert ausgesprochen gut. Buslinien machen die meisten Orte auch ohne Auto erreichbar. Die Offices de Tourisme [s. Praktische Hinweise] bieten dazu Fahr- und Übersichtspläne an. In Marseille gibt es eine U-Bahn (Métro). Die Benutzung der öffentlichen Verkehrsmittel ist sehr zu empfehlen, da das Parken in den Städten mitunter schwierig ist.

Sprachführer

Französisch für die Reise

Das Wichtigste in Kürze

Ja/Nein	*Oui/Non*
Bitte/Danke	*S'il vous plaît/Merci*
In Ordnung./Einverstanden.	*Très bien./D'accord.*
Entschuldigung!	*Pardon!/Excuse(z)-moi!*
Wie bitte?	*Comment?/Vous dites?*
Ich verstehe Sie nicht.	*Je ne vous comprends pas.*
Ich spreche nur wenig Französisch.	*Je ne parle que peu le français.*
Können Sie mir bitte helfen?	*Pourriez-vous m'aider, s'il vous plaît?*
Das gefällt mir (nicht).	*Cela (ne) me plaît (pas).*
Ich möchte ...	*Je voudrais ...*
Haben Sie ...?	*Avez-vous ...?*
Gibt es ...?	*Y a-t-il ...?*
Wie viel kostet das?	*Cela coûte combien?*
Kann ich mit Kreditkarte bezahlen?	*Puis-je régler avec une carte de crédit?*
Wie viel Uhr ist es?	*Quelle heure est-il?*
Guten Morgen!/Guten Tag!	*Bonjour!*
Guten Abend!	*Bonsoir!*
Gute Nacht!	*Bonne nuit!*
Hallo!/Tschüs!	*Salut!*
Mein Name ist ...	*Je m'appelle ...*
Wie ist Ihr Name, bitte?	*Quel est votre nom, s'il vous plaît?*
Wie geht es Ihnen?	*Comment allez-vous?*
Auf Wiedersehen!	*Au revoir!*
Bis bald!	*A bientôt!*
Bis morgen!	*A demain!*
gestern/heute/morgen	*hier/aujourd'hui/demain*
am Vormittag/am Nachmittag	*le matin/l'après-midi*
am Abend/in der Nacht	*le soir/la nuit*
um 1 Uhr/2 Uhr ...	*à une heure/à deux heures ...*
um Viertel vor/nach ...	*à ... moins le quart/et quart*
um ... Uhr 30	*à ... heure(s) trente*
Minute(n)/Stunde(n)	*minute(s)/heure(s)*
Tag(e)/Woche(n)	*jour(s)/semaine(s)*
Monat(e)/Jahr(e)	*mois/an(s)/année(s)*

Zahlen

0	*zéro*	19	*dix-neuf*
1	*un*	20	*vingt*
2	*deux*	21	*vingt-et-un*
3	*trois*	22	*vingt-deux*
4	*quatre*	30	*trente*
5	*cinq*	40	*quarante*
6	*six*	50	*cinquante*
7	*sept*	60	*soixante*
8	*huit*	70	*soixante-dix*
9	*neuf*	80	*quatre-vingt*
10	*dix*	90	*quatre-vingt-dix*
11	*onze*	100	*cent*
12	*douze*	200	*deux cents*
13	*treize*	1 000	*mille*
14	*quatorze*	2 000	*deux mille*
15	*quinze*	10 000	*dix mille*
16	*seize*	100 000	*un million*
17	*dix-sept*	½	*un demi*
18	*six-huit*	¼	*un quart*

Wochentage

Montag	*lundi*
Dienstag	*mardi*
Mittwoch	*mercredi*
Donnerstag	*jeudi*
Freitag	*vendredi*
Samstag	samedi
Sonntag	*dimanche*

Monate

Januar	*janvier*
Februar	*février*
März	*mars*
April	avril
Mai	*mai*
Juni	*juin*
Juli	*juillet*
August	*août*
September	*septembre*
Oktober	*octobre*
November	*novembre*
Dezember	*décembre*

Maße

Kilometer	*kilomètre*
Meter	*mètre*
Zentimeter	*centimètre*
Kilogramm	*kilogramme*
Pfund	*livre*
Gramm	*gramme*
Liter	*litre*

Unterwegs

Nord/Süd/West/Ost	*nord/sud/ouest/est*
oben/unten	*en haut/dessous*
geöffnet/geschlossen	*ouvert/fermé*
geradeaus/links/ rechts/zurück	*tout droit/gauche/ droite/ en arrière*
nah/weit	*proche/loin*
Wie weit ist das?	*A quelle distance d'ici se trouve-t-il?*
Wo sind die Toiletten?	*Où sont les toilettes?*
Wo ist die (der) nächste ...	*Où se trouve ...*
Telefonzelle/	*la cabine téléphonique/*
Bank/	*la banque/*
Post/	*le bureau de poste/*
Polizei/	*le poste de police/*
Geldautomat?	*le distributeur de billets la/le plus proche?*
Wo ist ...	*Où se trouve ...*
der Bahnhof/	*la gare/*
die U-Bahn/	*le métro/*
der Flughafen?	*l'aéroport?*
Wo finde ich ...	*Où se trouve ...*
eine Bäckerei/	*une boulangerie/*
ein Fotogeschäft/	*un magasin photographiques/*
ein Kaufhaus/	*un grand magasin/*
ein Lebensmittelgeschäft/	*une épicerie/*
einen Markt?	*un marché?*

Hinweise zur Aussprache

ai	wie ›ä‹, Bsp.: l**ai**t
au	wie ›o‹, Bsp.: **au**to, g**au**che
eu	wie ›ö‹, Bsp.: p**eu**, d**eu**x
ou	wie ›u‹, Bsp.: r**ou**ge
ue	wie ›ü‹, Bsp.: r**ue**, aven**ue**
c	vor ›e‹ und ›i‹ wie ›s‹, Bsp.: **c**e, **c**ide
c	vor ›a‹ und ›o‹ wie ›k‹, Bsp.: **c**abinet, **c**ompagnie
ch	wie ›sch‹ Bsp.: **ch**ips
h	am Wortanfang ist immer stumm, Bsp.: **h**ommage
g	vor ›e‹ und ›i‹ wie ›dsch‹, Bsp.: **g**entille, **g**ilet
gn	wie ›nj‹, Bsp.: co**gn**ac, a**gn**eau
p, s, t	sind am Wortende meist stumm, Bsp.: tro**p**, trè**s**, mo**t**
-tion	bei dieser Silbe ›t‹ wie ›s‹, Bsp.: na**tion**
q, qu	wie ›k‹, Bsp.: co**q**, **qu**i
v	wie ›w‹, Bsp.: **v**ie
z	wie ›s‹, Bsp.: **z**éro

Ist das der Weg/ die Straße nach ...?	*Est-ce que c'est le chemin/ la route/ la rue pour ...?*
Gibt es einen anderen Weg?	*Y a-t-il un autre chemin?*
Ich möchte mit dem Zug/Schiff/ Fähre/Flugzeug nach ... fahren.	*Je voudrais prendre le train/le bateau/ le ferry-boat/l'avion pour ...*
Ist der Preis für Hin- und Rückfahrt?	*Est-ce que c'est le prix aller-retour?*
Wie lange gilt das Ticket?	*Pour combien de temps le ticket sera valide?*
Wo ist das Fremdenverkehrsamt/ Reisebüro?	*Où se trouve l'Office de Tourisme/ l'agence de voyages?*
Ich benötige eine Hotelunterkunft.	*J'ai besoin d'un hôtel.*
Wo kann ich mein Gepäck lassen?	*Où puis-je laisser mes bagages?*
Ich habe meinen Koffer verloren.	*J'ai perdu ma valise.*
Ich möchte eine Anzeige erstatten.	*Je voudrais déposer une plainte.*
Man hat mir ...	*On m'a volé ...*
Geld/	*de l'argent/*
meine Tasche /	*mon sac/*
meine Papiere/	*mes papiers/*
die Schlüssel/	*les clés/*
meinen Fotoapparat/	*mon appareil photo/*
meinen Koffer/	*ma valise/*
mein Fahrrad gestohlen.	*ma bicyclette.*

Freizeit

Ich möchte ein ...	*Je voudrais louer ...*
Fahrrad/	*une bicyclette/*
Motorrad/	*une moto/*
Surfbrett/	*une planche à voile/*
Mountainbike/ Boot/	*un v.t.t./un bateau/*
Pferd mieten.	*un cheval.*
Gibt es ein(en)	*Y a-t-il ...*
Freizeitpark/	*un parc d'attractions/*
Freibad/	*une piscine/*
Golfplatz/	*un terrain de golf/*
Strand in der Nähe?	*la plage près d'ici?*
Wann hat ... geöffnet?	*Quelles sont les horaires d'ouverture ...?*

Bank, Post, Telefon

Brauchen Sie meinen Ausweis?	*Avez-vous besoin de ma carte d'identité?*
Wo soll ich unterschreiben?	*Où dois-je signer?*

Ich möchte eine Telefonverbindung nach ...	*Je voudrais une communication avec ...*
Wie lautet die Vorwahl für ...?	*Quel est le préfixe pour ...?*
Wo gibt es ... Münzen für den Fernsprecher/ Telefonkarten/ Briefmarken?	*Où peut-on trouver ... des jetons/ des cartes téléphoniques/ des timbres?*

Tankstelle

Wo ist die nächste Tankstelle?	*Où est-ce que la station d'essence la plus proche?*
Ich möchte ... Liter ...	*Je voudrais ... litres ...*
Super/	*de super/*
Diesel	*de gasoil*
bleifrei/	*sans plomb*
mit ... Oktan.	*à ... octane.*
Volltanken, bitte.	*Faites le plein, s'il vous plaît.*
Prüfen Sie bitte ...	*Vérifiez s'il vous plaît, ...*
den Reifendruck/	*la pression de gonflage/*
den Ölstand/	*le niveau d'huile/*
den Wasserstand/	*le niveau d'eau/*
das Wasser für die Scheibenwischanlage/	*l'eau pour le système essuieglaces/*
die Batterie.	*la batterie.*
Würden Sie bitte ...	*Pourriez-vous s'il vous plaît ...*
den Ölwechsel vornehmen/	*faire la vidange d'huile/*
den Radwechsel vornehmen/	*effectuer le changement de roue(s)/*
die Sicherung austauschen/	*échanger le fusible/*
die Zündkerzen erneuern/	*échanger les bougies/*
die Zündung nachstellen?	*régler l'allumage?*

Panne

Ich habe eine Panne.	*Je suis en panne.*
Der Motor startet nicht.	*Le moteur ne démarre pas.*
Ich habe die Schlüssel im Wagen gelassen.	*J'ai laissé les clés dans la voiture.*
Ich habe kein Benzin/Diesel.	*Je n'ai plus d'essence/de diesel.*
Gibt es hier in der Nähe eine Werkstatt?	*Est-ce qu'il y a un garage près d'ici?*
Können Sie mein Auto abschleppen?	*Pourriez-vous remorquer ma voiture?*
Können Sie mir einen Abschleppwagen schicken?	*Est-ce que vous pouvez m'envoyer une dépanneuse?*
Können Sie den Wagen reparieren?	*Pouvez-vous réparer la voiture?*
Wann wird er fertig sein?	*Quand sera-t-elle prête?*

Mietwagen

Ich möchte ein Auto mieten.	*Je voudrais louer une voiture.*
Was kostet die Miete ...	*Combien coûte la location ...*
pro Tag/pro Woche/	*par jour/par semaine/*
mit unbegrenzter km-Zahl/	*avec kilométrage illimité/*
mit Kaskoversicherung/	*avec assurance tous risques/*
mit Kaution?	*avec la caution?*
Wo kann ich den Wagen zurückgeben?	*Où puis-je rendre le véhicule?*

Unfall

Hilfe!	*Au secours!*
Achtung!/Vorsicht!	*Attention!*
Bitte rufen Sie schnell ...	*S'il vous plaît, appelez vite ...*
einen Krankenwagen/	*une ambulance/*
die Polizei/	*la police/*
die Feuerwehr.	*les sapeurs-pompiers.*
Es ist (nicht) meine Schuld.	*C'est (ce n'est pas) de ma faute.*
Geben Sie mir bitte Ihren Namen und Ihre Adresse.	*Veuillez me donner votre nom et adresse, s'il vous plaît.*
Ich brauche die Angaben zu Ihrer Autoversicherung.	*J'aurais besoin des données de votre assurance automobile.*

Krankheit

Können Sie mir einen guten Deutsch sprechenden Arzt/ Zahnarzt empfehlen?	*Pourriez-vous me conseiller un bon médecin/ dentiste qui parle allemand?*
Wann hat er Sprechstunde?	*Quelles sont ses heures de consultation?*
Wo ist die nächste Apotheke?	*Où est-ce que se trouve la pharmacie la plus proche?*
Ich brauche ein Mittel gegen ...	*J'aurais besoin d'un médicament contre ...*
Durchfall/	*la diarrhée/*

Fieber/	*la fièvre/*
Insektenstiche/	*les piqûres d'insecte/*
Verstopfung/	*la constipation/*
Zahnschmerzen.	*le mal de dents.*

Im Hotel

Ich habe bei Ihnen ein Zimmer reserviert.	*J'ai réservé une chambre chez vous.*
Haben Sie ein ...	*Auriez-vous ...*
Einzel-/	*une chambre à un lit/une*
Doppelzimmer ...	*chambre à deux lits*
mit Dusche/	*avec douche/*
mit Bad/WC?	*avec salle de bains/WC?*
für eine Nacht/	*pour une nuit/*
für eine Woche?	*pour une semaine/*
mit Blick aufs Meer?	*avec vue sur la mer?*
Was kostet das Zimmer ...	*Combien coûte la chambre ...*
mit Frühstück/	*avec petit-déjeuner/*
mit Halbpension/	*avec demi-pension/*
mit Vollpension?	*avec pension complète?*
Wie lange gibt es Frühstück?	*Jusqu'à quelle heure peut-on prendre le petit-déjeuner?*
Ich möchte um ... Uhr geweckt werden.	*Je voudrais qu'on me réveille à ... heure(s).*
Ich reise heute Abend/ morgen früh ab.	*Je pars ce soir/ demain matin.*
Haben Sie ein Faxgerät/ Hotelsafe?	*Avez-vous un fax/ un coffre-fort?*

Im Restaurant

Wo gibt es ein gutes/günstiges Restaurant?	*Pourriez-vous m'indiquer un bon restaurant/un restaurant pas trop cher?*
Die Speisekarte/ Getränkekarte, bitte.	*Je voudrais la carte/ la carte des boissons, s'il vous plaît.*
Ich möchte das Tagesgericht/Menü (zu...)	*Je voudrais le plat du jour/le menu (à ...).*
Welches Gericht können Sie besonders empfehlen?	*Quel plat pourriez-vous recommander particulièrement?*
Ich möchte nur eine Kleinigkeit essen.	*Je voudrais manger qu'un petit quelque chose.*
Haben Sie vegetarische Gerichte?	*Avez-vous des plats végétariens?*
Können Sie mir bitte ...	*Pourriez-vous m'apporter ...*
ein Messer/	*un couteau/*
eine Gabel/	*une fourchette/*
einen Löffel bringen?	*une cuillère, s'il vous plaît?*
Darf man hier rauchen?	*Peut-on fumer ici?*
Die Rechnung bitte!	*L'addition, s'il vous plaît!*

Essen und Trinken

Apfel	*pomme*
Artischocke	*artichaut*
Austern	*huîtres*
Bier	*bière*
Brot/Brötchen	*pain/petit pain*
Butter	*beurre*
Ei	*œuf*
Eiscreme	*glace*
Erdbeeren	*fraises*
Essig	*vinaigre*
Fisch	*poisson*
Flasche	*bouteille*
Fleisch	*viande*
Fruchtsaft	*jus de fruits*
Gemüse	*légume*
Glas	*verre*
Hammelfleisch	*mouton*
Himbeeren	*framboises*
Hummer	*homard*
Joghurt	*yaourt*
Kaffee mit Milch	*café au lait*
Kaffee, schwarzer	*café noir*
Kalbfleisch	*veau*
Kartoffeln	*pommes de terre*
Käse	*fromage*
Krabben, Garnelen	*crevettes*
Kuchen	*gâteau*
Lammfleisch	*agneau*
Leber	*foie*
Leberpastete	*pâté de foie*
Meeresfrüchte	*fruits de mer*
Milch	*lait*
Mineralwasser (mit/ ohne Kohlensäure)	*l'eau minérale gazeuse/ non gazeuse*
Obst	*fruits*
Öl	*huile*
Pfeffer	*poivre*
Pfirsiche	*pêches*
Reis	*riz*
Rindfleisch	*bœuf*
Salz	*sel*
Schinken	*jambon*
Schweinefleisch	*porc*
Spinat	*épinards*
Suppe	*soupe*
Tomaten	*tomates*
Wein (Weiß/Rot/Rosé)	*vin (blanc/rouge/rosé)*
Zwiebeln	*oignons*

Register

M

N

P

R

S

Impressum

Redaktionsleitung: Dr. Dagmar Walden
Lektorat und Bildredaktion: Gabriele Ebbecke
Aktualisierung: Christian Noß
Karten: Computerkartographie Carrle, München, außer vordere Umschlagklappe Kartographie Huber, München
Herstellung: Martina Baur
Druck, Bindung: Stürtz GmbH, Würzburg
Printed in Germany

Ansprechpartner für den Anzeigenverkauf:
Kommunalverlag GmbH & Co KG,
MediaCenterMünchen, Tel. 089/92 80 96–44

ISBN 978-3-89905-437-8
ISBN 978-3-89905-535-1 Reiseführer Plus

Gedruckt auf chlorfrei gebleichtem Papier

Neu bearbeitete Auflage 2008

Bildnachweis

Umschlag-Vorderseite: Hafen von Menton.
Foto: Mauritius, Mittenwald (Russelkord)
Umschlag-Vorderseite Reiseführer Plus:
Roquebrune-Cap-Martin.
Foto: IFA Bilderteam, München (J. A. Images)

Titelseite
Oben: Das Casino von Monaco (Wh. von S. 118)
Mitte: Alter Hafen von Cannes (Wh. von S. 64)
Unten: Strand von Beaulieu (Wh. von S. 114)

akg-images, Berlin: 87 oben (E. Lessing) – Bibliothèque Louis Nucera, Nizza: 15 unten – Christian Heeb, St. Gallen: 13 oben, 23, 31, 47, 56, 58, 59, 72, – Dieter Herbrecht, München: 50 – Huber, Garmisch-Partenkirchen: 6/7, 64/65 (Lawrence), 7 oben, 113 oben (N. N.), 8 unten, 62 (Giovanni), 34, 35 (S. Damm), 48/49, 94 (G. Simeone), 84, 113 unten, 121, 122 (Gräfenhain), 114 (Mader) – Kurt Krieger, München: 15 oben – laif, Köln: 8 oben (Knechtel), 9 unten (E. Martin), 11 oben (F. Guiziou/Hemispheres), 18/19, 21, 37, 87 unten, 108/109, 126 Mitte (Hemispheres), 29 (Krinitz), 68 (C. Guy/Hemispheres), 75 (Neumann), 80/81 (A. Neumann), 97 (Bungert), 117 oben (Selbach), 119 (J. Nicolas/Hemispheres), 126 oben rechts (C. Wickrath/Madame Figaro), 126 unten rechts (Adenis/GAFF)– LOOK, München: 16/17, 33, 96, 120 (C. Heeb), 20 (F. M. Frey), 30 (J. Richter) – Mauritius, Mittenwald: 11 Mitte, 126 oben links (S. Vidler), 50/51 (R. Pigneter), 65 unten (J. G. Edmanson), 90/91 (M. Mitterer), 111 (J. Clasen), 115 (imagebroker.net), 118 (D. Weber) – Picture Alliance, Frankfurt/Main: 10 oben (afp/A. Fulconis), 10 unten, 27 Huber/G. Simeone), 60 (Huber/F. Olimpio), 61 (Krämer) 77 oben (dpa), 85, 92 (KPA/Hackenberg), 102 (dpa/A. Günter), 103 (Huber/Radelt), 116, 126 unten links (HB Verlag/Wackenhut), 124/125 (Huber/J. Huber) – Werner Stuhler, Hergensweiler: 87 unten – Martin Thomas, Aachen: 36, 54/55, 55, 66, 67, 69,70, 71, 73, 77 (unten), 78, 79, 80, 82, 86, 88 (2), 93, 95, 99, 101, 104/105, 106 (2), 107, 112, 117 unten, 131, 134 – Hanna Wagner, Wörth: 24/25, 39, 40, 42/43, 44/45, 98 (2). Alle übrigen Abbildungen stammen aus dem Archiv des Verlages.

ADAC Reiseführer – die besten, die wir je gemacht haben.

144 bzw. 192 Seiten, je Band 6,50 € (D), 6,70 € (A), 12,– sFr.

Ägypten
Algarve
Allgäu
Amsterdam
Andalusien
Australien
Bali & Lombok
Baltikum
Barcelona
Berlin
Bodensee
Brandenburg
Brasilien
Bretagne
Budapest
Bulg. Schwarzmeerküste
Burgund
City Guide Deutschland
City Guide Germany
Costa Brava & Costa Daurada
Côte d'Azur
Dänemark
Dominikanische Republik
Dresden
Dubai, Vereinigte Arabische Emirate, Oman
Elsass
Emilia Romagna
Florenz
Florida
Franz. Atlantikküste
Fuerteventura
Gardasee
Golf von Neapel
Gran Canaria
Hamburg
Harz
Hongkong & Macau
Ibiza & Formentera
Irland
Israel
Italienische Adria
Italienische Riviera
Jamaika
Kalifornien
Kanada – Der Osten
Kanada – Der Westen
Karibik
Kenia
Korfu & Ionische Inseln
Kreta
Kuba
Kroatische Küste – Dalmatien
Kroatische Küste – Istrien & Kvarner Golf
Kykladen
Lanzarote
Leipzig
London
Madeira
Mallorca
Malta
Marokko
Mauritius & Rodrigues
Mecklenburg-Vorpommern
Mexiko
München
Neuengland
Neuseeland
New York
Niederlande
Norwegen
Oberbayern
Österreich
Paris
Peloponnes
Piemont, Lombardei, Valle d'Aosta
Polen
Portugal
Prag
Provence
Rhodos
Rom
Rügen, Hiddensee, Stralsund
Salzburg
Sardinien
Schleswig-Holstein
Schottland
Schwarzwald
Schweden
Schweiz
Sizilien
Spanien
St. Petersburg
Südafrika
Südengland
Südtirol
Sylt
Teneriffa
Tessin
Thailand
Toskana
Türkei – Südküste
Türkei – Westküste
Tunesien
Umbrien
Ungarn
USA – Südstaaten
USA – Südwest
Usedom
Venedig
Venetien & Friaul
Wien
Zypern

Weitere Titel in Vorbereitung.

ADAC Reiseführer Jubiläumsbände – Maxi-Umfang! Mini-Preis!

348 bzw. 450 Seiten, je Band 9,95 € (D), 10,25 € (A), 17,50 sFr.

Deutschland
Freizeitparadies Alpen
Italien

ADAC Reiseführer plus – Top-Reiseführer mit perfekten Urlaubskarten.

144 bzw. 192 Seiten, je Band 8,95 € (D), 9,20 € (A), 16,80 sFr.

Ägypten
Allgäu
Amsterdam
Andalusien
Australien 8/2008
Baltikum
Barcelona
Berlin
Berlin (engl.)
Bodensee
Brandenburg
Budapest
Côte d'Azur
Dänemark
Deutschland – Die schönsten Autotouren
Dresden
Dubai 8/2008
Elsass 8/2008
Französische Atlantikküste
Fuerteventura
Gardasee
Gran Canaria
Golf von Neapel
Hamburg
Harz
Irland
Italienische Adria
Italienische Riviera
Kanada – Der Westen
Kanada – Der Osten
Kenia
Korfu/Ionische Inseln
Kreta
Kuba
Kroatische Küste – Dalmatien
Kroatische Küste – Istrien & Kvarner Golf
Leipzig
London
Madeira
Mallorca
Malta
Mecklenburg-Vorpommern
München
New York
Norwegen
Oberbayern
Österreich
Paris
Polen
Portugal
Prag
Rhodos
Rom
Rügen, Hiddensee, Stralsund
Salzburg
Sardinien
Schleswig-Holstein
Schwarzwald
Schweden
Schweiz
Sizilien
St. Petersburg
Südtirol
Südengland
Sylt
Teneriffa
Thailand 8/2008
Toskana
Tunesien
Türkei – Südküste
Türkei – Westküste
Usedom
Venedig
Wien
Zypern

Weitere Titel in Vorbereitung.

ADAC Reiseführer Audio – umfassende Information und einzigartiges Hörerlebnis.

144 bzw. 192 Seiten, mit TourSet auf CD, 9,95 € (D), 10,25 € (A), 17,50 sFr.

Barcelona 8/2008
Berlin
Dresden
Hamburg
London 8/2008
München
New York 8/2008
Paris 8/2008
Rom
Wien

Weitere Titel in Vorbereitung.